忙しいママでもできる！

私立小学校を受験しようと思ったら読む本

かめっこ塾　主宰
なごみゆかり

日本能率協会マネジメントセンター

はじめに

お忙しい中、本書を手に取ってくださって、ありがとうございます。

本書は、私立小学校受験を一度でも考えたことがある方に向けて書いた本です。

実は、年々受験者数が増加している小学校受験。

かつてはごく一部の人しか知らない世界で、資産家で子育てに専念できる専業主婦の家くらいしか縁のない話だと思われていました。しかし、共働き世帯が増え続ける中で、小学校受験は、中学受験に次ぐ盛り上がりを見せつつあります。

その理由として、

❶コロナ禍で私立の方が公立よりも対応がスピーディだった
❷中学受験の過熱や大学入試改革などを踏まえて、早期に進路を決めてしまいたい

ということもあると思われます。

もちろん、学校の雰囲気に惹かれたとか、憧れのお兄さんやお姉さんが通っている学校だったり、保護者の方がその学校のご出身だったりする場合もありますね。

ただ、「どういうお子さんが小学校受験に向いているのか」「家庭でどういうことができるのか」というと、まだまだよくわかっていない方たちが多く、「小学校受験希望者の一部の方たちの中だけで情報が出回っている」という印象が強いのではないでしょうか。

現状では入手可能な書籍も幼児塾関係の方のものが多く、小学校受験の根幹にかかわる部分にまでは触れられない形で書かれていることが多いのが実情だと思います。

しかし、とりあえず小学校受験とはどのようなもので、受かるにはどうすればいいいのか、何となく興味を持ったり、知りたいと思ったりしている人が増えていると思います。

そこで本書では、私立小学校に長年勤務した著者が、

❶どういう子どもに入学してほしいか
❷そういう子どもをどうやって育てたらよいか

ということを解説してまいります。

本書は、小学校受験初心者の、ごくふつうの忙しいママでも、これからどういう考え方で、どういう取り組みをしていけばよいかを伝える、家庭でできる入門書です。

たとえば、

・小学校受験って、そもそも何？
・うち（の子）は、小学校受験に向いているの？
・国立小学校に向いている子・私立小学校に向いている子っているの？

というような、「初歩」のところから知っていただきたいと思います。

小学校受験は、家族一丸となって臨む受験です。

まだ幼いお子さんたちが受験に向けて、少しずつ気持ちを固め、頑張る姿には、いつも心を打たれます。

そんなお子さんたちを応援したい。

そして、お子さんを支える親御さんたちを応援したい。

小学校受験を「大変なもの」としてとらえるのではなく、家族みんなが一致団結できる「お子さんの人間的な総合力の基礎がしっかりできる経験」としてとらえていただきたい。

そんな気持ちで書きました。

本書を読んで、受験をほんのちょっとでも考えたことがある親御さんが小学校受験の概要を知ったり、準備の仕方を知って勇気が出たり、我が子の力をいっそう引き出し、受験についてもう一度考えるきっかけとなれば幸いです。

一万人の子どもたちと接してきた元私立小学校教師　なごみゆかり

CONTENTS

第5章 受験(面接)準備での家族・夫への対応

付録

第1章

そもそも小学校受験って？

01 小学校受験のメリットとは？

そもそも小学校受験のメリットは、何でしょうか。それは次の五つです。

❶教育への関心が高いご家庭のお子さんが多い
❷教育の質が高く教育熱心な先生が多い
❸受験に挑戦することによって親子で人間力（知力・運動力・コミュニケーション力）が高まる
❹脳の「黄金期」（6歳までに脳は9割作られる）を有効活用
❺受験によって子どもの力を最大限に引き出し、未来につなげるチャンス

では、それぞれ詳しくお話していきますね。

❶教育への関心が高いご家庭のお子さんが多い

「国立・私立小学校に入学させたい」と思うご家庭は、「高い教育と豊かな経験をお子さんにさせたい」と願うご家庭です。そもそもが教育熱心なご家庭の上、受験をくぐりぬけてきたお子さんたちしかいません。

特に私立小学校は、「**建学の精神**」というものが各校にあり、学校の教育方針に賛同するご家庭のお子さんたちが受験・入学します。基本的に落ち着いたお子さんが多く、みんな「机に向かって取り組む」ということに慣れているお子さんたちです。一年生初日もきちんと席についてお話が聴けるのがスタンダード。

ですから、公立学校から私立校へいらした同僚が、「**やはり子どもたちの基本姿勢が違う**」と驚いていたことが記憶に残っています。公立では、地域やクラスのメンバーによりますが、こうはいかないところがほとんどと聞きます。

もちろん、ちょっと集中力に欠ける、教師の話をさえぎって割り込んで話してくる子もいますが、クラス全体を大きく乱すようなことにはなりません。国立も同じです。

また、受験を通して、言葉や数の概念など、「思考の基礎」がすでにできています。子どもたちの生活指導に時間をとられることがあまりないので、全体を通して落ち着いた、質のいい授業になります。

❷教育の質が高く教育熱心な先生が多い

次は教師の話です。公立の先生が熱心でないということでは決してありません。**私立の教師は、その学校の出身者か、学校の教育方針に賛同した教師が就職していることが多い**ので、「自分の惚れ込んだ教育方針をさらに子どもたちにしっかりと浸透させていきたい」と尽力します。国立の先生も、自分の研究を通し、子どもたちの力を最大限伸ばしたいと考える、教育熱心な先生ばかりです。

学習も生活指導も学校行事も、すべてが「学校の望む子どもに近づけるために」という意図の元、作られています。しかも、私立校は、専科制が充実しているので、担任でも、国語と算数のみを教えて、あとの教科は全て専科の教師が教えることが多いです。そのため、高い専門性を持った教師が、複数の目線、複数のアプローチでお子さんの力を引き出し、伸ばしていく体制ができています。

学校内でも、教科に分かれて毎月さまざまな工夫を凝らして、お子さんの力を高めていこうとします。実は、私立は、退勤時刻を過ぎても、遅くまで授業やクラス運営のことを考える教師や、学校行事が多いため、分担する係の仕事を複数掛け持って計画・実行している教師が多かったりします。

熱心な先生がとても多いのです。

❸受験に挑戦することによって親子で人間力（知力・運動力・コミュニケーション力）が高まる

この**人間力**（人間としての力）を幼児期につけられるということは、親子ともに今後の人生において、大いに励みになることだと思います。

学校側が求める子ども像は、もちろん各学校によって少しずつ異なりますが、広く言うとこの力を持った子どもであると言えます。全部完璧じゃなくていい。うまくいかないときにかんたんにあきらめずに、工夫しながら、乗り越えられるまで努力を続けられる子どもなのか、そこを受験で見せていただくわけです。ご家庭でそんな力を持つお子さんに育てることは決してマイナスにはならない。プラスだらけだと思うのです。

今後のお子さんにとってもその力は財産となりますし、親御さんにとっても、幼児期にお子さんの力をしっかりと引き出させる経験をすることで、親御さん自身にもお子さんを見守る力・励ます力・信じる力が備わり、よいことだらけです。小学校受験をするメリットは無数にあります。

❹脳の「黄金期」（6歳までに脳は9割作られる）を有効活用

小学校受験に向けて準備をする子どもたちの年齢は、およそ3歳～6歳。この時期に受験で必要となる力を育てることは、脳の発達を促すことにも大いにつながっていると言えます。

脳は、その「重さの変化」に着目したとき、6歳までの間に爆発的に大きくなると言われています。

生まれたばかりの赤ちゃんの脳の重さは約350グラムですが、6歳になる頃には約1，300グラムにまで大きくなり、大人の脳の重さの9割ほどとなり、これ以降、脳の重さはほとんど変わらないわけです。このことから、**脳の発達においては6歳までが特に大事な時期**だと言うことができるのではないでしょうか。

幼児期の脳は、たった1ヵ月で大人の10年分の発達をすると言われています。

「話す・聴く」という受け答えをすること、話を集中して聴き、内容をある程度覚えること、身体を動かして遊ぶこと、紙を折ったりハサミで切ったりして手先を使うこと…。受験に向けて練習するこれらの経験が、まさに脳の成長を育んでいます。この「脳の黄金期」ともいえる時期に、適切な働きかけをすることで、脳の発達をしっかり促すことができるのです。

❺受験によって子どもの力を最大限に引き出し、未来につなげるチャンス

受験は、お子さんの持つ力をぐんぐんと引き出す絶好の機会。素直で一生懸命。これからいろいろな経験をするとともに、可能性が無限大のこの時期。**受験に備えるすべてのことが、お子さんの成長に密接にかかわっている**のです。

そう考えると、受験にはもちろん結果がついてきますが、この経験は、何にも代えがたい貴重なもの。ここでじっくりお子さんに向き合うことができた親御さんは、お子さんの力を最大限に引き出し、親子で宝物のような時間を過ごすことができたと言えるのではないでしょうか。

02 国立小学校と私立小学校

では、ここで「小学校受験と言えば」の国立小学校と私立小学校を徹底比較します。

❶受験で超集中！　全小学校中0・35％の国立小学校

令和4年時点で、全国の小学校は、19，161校あります。そのうち、**国立小学校は、全国で67校。東京でもたった6校しかありません。**ちなみに、公立小学校は、18，851校で全体の98％を占めます。国立小学校が極めて少ないのがわかります。

❷全小学校中1・3％の私立小学校

同じく令和4年時点で、私立小学校は、全国で243校。全体の1.3％です。全国の小学生のうち、100人に1人が私立小学校に通っている計算です。これまた非常に少ないのがわかります。ただ、国立小学校は、年々減少傾向（公立小学校に至っては激減）

表①　学校の区分と数

区分	計 total	国立 National	公立 Local	うち分校 Branch schools	私立 private
昭和30年('55)	26,880	76	26,659	4,653	145
35年('60)	26,858	76	26,620	4,156	162
40年('65)	25,977	72	25,745	3,301	160
45年('70)	24,790	71	24,558	2,346	161
50年('75)	24,650	71	24,419	1,695	160
55年('80)	24,945	72	24,707	1,244	166
60年('85)	25,040	73	24,799	902	168
平成2年('90)	24,827	73	24,586	806	168
7年('95)	24,548	73	24,302	655	173
12年('00)	24,106	73	23,861	533	172
17年('05)	23,123	73	22,856	385	194
22年('10)	22,000	74	21,713	270	213
27年('15)	20,601	72	20,302	189	227
28年('16)	20,313	72	20,011	174	230
29年('17)	20,095	70	19,794	166	231
30年('18)	19,892	70	19,591	163	231
令和元年('19)	19,738	69	19,432	155	237
2年('20)	19,525	68	19,217	148	240
3年('21)	19,336	67	19,028	143	241
4年('22)	19,161	67	18,851	138	243

※文部科学統計要覧（令和５年版）による

にある中、**私立小学校だけは年々創設が進み、着実に増えているのです。**

❸ざっくりわかる！ 国立小学校の特色

国立小学校の特色は、何より教育の最先端を研究する教員がいることです。「基礎的な内容の学習」と言うよりは、教員の独自の研究のため、ハイレベルな内容であることも多く、さらには教員の研修（全国の先生、もしくは首都圏の先生対象の研究授業）のため、土曜日も学校に行くことが多いのです。また、母体の大学の教育実習生を多く受け入れるため、授業に集中できないときがあるかもしれません。実習生に手紙を書くなど、家庭学習でフォローが必要になることも。

子どもたちは、試験を通過したこともあって、「文武両道」のような形で、学習も運動も平均的にこなせる場合が多いようです。国立小学校は大学付属ですが、エスカレーター式に内部進学できる制度ではありません。通学範囲も定められていて、学校から40分以内に通える場所に居住している、などの条件がある学校も。学費に関しては、入学金はありませんが学校により寄付金のようなものがある場合もあります。公立よりは制服代などをはじめ学費がかかります。

❹ざっくりわかる！　私立小学校の特色

学校ごとに教育方針が異なり、宗教、礼儀、英語、生活指導など、どこに力を入れるかも、学校ごとに大きく違っています。きちんとしている校風、のびのびと活発な校風など、子どもに合う学校か否か保護者が見極める必要があります。通学範囲は、平均40分程度ですが、まったく制限がない学校もあります。

❺ざっくりわかる！　小学校受験の時期

国立小の場合、首都圏では主に9〜10月に願書配布。11〜12月に抽選及び試験（抽選については次ページで説明あり）。12月に合格発表。関西ではもっと遅く、年明けの1月に試験を行う学校も。

私立小の場合、首都圏では10月、東京は主に11月上旬に試験。即日か2、3日以内に合格発表。関西ではもっと早く、8月に試験、9月には合格発表という学校も。入試の時期は地域や学校により異なるので、早めに調べておくとよいです。

❻ざっくりわかる！　国立小学校受験

私立ほど学費がかからない上、全国から研究熱心な教師が集まり、実験的な授業が多数展開されていることもあり、**国立小学校の受験は、倍率が非常に高いです**。東京の国立小の中には60倍を軽く超えるような学校もあります。そのため、①抽選、②試験という流れで、入学児童数を絞り込んでいます。この「抽選」が大きな特徴です（抽選の回数など、試験の詳細は学校により異なる）。②の試験の後、さらにもう1回抽選をする学校もあり、とにかく「狭き門」となっているのが国立小学校受験です。

さらには、学習や運動面だけではなく、生活面での自立や社会性などの「**総合力**」も試されます。たとえば、「公園で他の友達と離れて一人で遊んでいる子どもがいました。あなたはどうしますか」のような問題です。全般的な力が求められているというわけですね。

最後に、私立と比べて、合格発表の時期が遅いことも挙げられます。地域にもよりますが、12月に最終的な合格発表があります。私立は11月にはほぼ合格手続まで終わっているので、もし私立と併願している場合は、国立の合格発表までは落ち着かない期間が続いてしまいます。

❼ざっくりわかる！　私立小学校受験

私立の場合、倍率が高い学校もありますが、比較的入学しやすい学校もあります。受験する学校に合わせ、十分な準備をした上で、学校の教育方針などに賛同できる学校をいくつか選んで受験すれば、どこかの学校にはご縁をいただける可能性が高いでしょう。そういうところから、国立と違って「**広き門**」と言えます。

もうひとつの特徴は、**学校それぞれに、特化した基準がある**ということです。求める子ども像により、何を重視するかが学校により大きく異なるのです。

最後に合格発表までが速いことが挙げられます。インターネットの普及により、即日結果がわかる学校がいまはとても多いです。ですから、翌日以降の試験の対策を早めに打つこともできます。

❽わが子は「国立小」「私立小」どっちが向いている？

右記の❶～❼を踏まえた上で、最終的には、親御さんが考え、ご縁をつないでいかれたらよいのではないかと思います。

国立小学校	私立小学校
一次選考／結果発表（10月～11月）、二次選考／結果発表（11月～12月）、三次試験／結果発表（12月）	首都圏では10月に選考を行う学校が多く、東京都は11月上旬が多い。関西は8月に選考、9月には合格発表という学校も。
0.6%	1.3%
決められた通学範囲内に住んでいる。	学校によるが、国立ほど厳しい条件なし。
総合力が問われる。考査の結果＋抽選1回～2回で合否が決まるため、抽選を通過する運も試される。	学校によりペーパーテストの有無や何を重視するかが違う。
基本は文部科学省の教育カリキュラム。小学校教育の実験・研究の場でもあり、レベルの高い授業も行われる。	学校ごとの独自のカリキュラムあり。文部科学省の教育カリキュラムと異なる授業の進め方をする場合も。
ある一定程度の知識や運動能力あり。毎年多くの教育実習生を受け入れている。	ある一定程度の知識や運動能力あり。学校の教育方針に賛同する必要あり。
「内部進学」が保障されているわけではない。	中学や高校・大学までを併設していることが多いため、ストレートで進学することも可能。
学校による	ほとんどが制服あり。
公立より多い。はじめのうちは保護者が送迎することが多い。	はじめのうちは保護者が送迎することが多い。ずっと送り迎えをする保護者もいる。
公立から来て、また公立へ出る人、研修で1年だけの人、ずっといる人、とさまざま。	異動なし
2,000～3,000円前後	30,000円前後
公立＋（10～40）万円前後（学校により異なる）	約167万円

※文部科学統計要覧（令和4年版）による
※令和4年度学校基本調査
※文部科学省令和3年度子供の学習費調査による

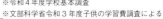

表②　設置主体による小学校の違い

	公立小学校
受験の時期	
通う子どもの割合	98%
通学の条件	学区が決められている。徒歩で通学。
試験	なし
カリキュラム	文部科学省の教育カリキュラムをもとに授業が進められる。
特徴	放課後に友達と一緒に過ごす時間も多く、地元とのつながりが強くなりやすい。学習や運動など個々の能力はさまざま。家庭の環境もそれぞれ異なる。
中学への進学	なし
制服	なし
保護者の参加の頻度	学習公開や懇談会など
先生の特徴	数年ごとに異動あり
受験の費用	
学費 （保護者が支出した1年間・子ども1人当たりの学習費総額）	約35万円

国立小の場合は、そのまま併設の中学校に進学できる可能性は50％以下とも言われています。そのため、塾に通いながら中学受験の準備をしていく必要があります。小学校受験が終わっても安心はできない状況です。お子さんがそれをストレスに思わずに努力を続けられるかどうかを加味する必要があります。

私立小受験の場合は、学校の雰囲気や先生の雰囲気をしっかり考え合わせる必要があります。お子さんもしくは親御さんが学校の雰囲気に合うかどうかは、とても重要です。さらに、教員は異動をしないので、「先生との相性」も重要なポイントです。私立小は、教育理念に沿って、全人的な指導をすることが多いです。しっかりと向き合ってくれることが多いのですが、そこをどうとらえるかも加味して考えるとよいと思います。

03 警告！ 子どもへのストレスのかかりすぎに注意

❶子どものストレスの原因の9割は親のメンタルにあり

何と言っても、お子さんはまだ6歳。まだ誕生日を迎えていない場合はたったの5歳です。幼い年齢のお子さんが自分の持てる力を最大限発揮するために、毎日生活面・運動面・学習面において、一生懸命に経験を積んでいます。もちろん、うまくいかないときもあります。

そんなときに親御さんががっかりした姿を見せてしまったりすると、お子さんの心には深い傷跡が残る可能性もあります。お子さんが見たいのは、親御さんの笑顔です。お子さんが自己肯定感を高く持ち、なおかつ挑戦する明るい意欲をもって試験の日を迎えるように持っていきたいものですね。そのためにも、親御さんご自身が他人とご自分、もしくは他のご家庭のお子さんと自分のお子さんを比べることなく、おおらかに見てあげてください。以前のご自分、以前のお子さんと比べてどう変化・成長しているかに、焦点を当てて前向きにとらえていかれるとよいと思います。

❷親も気分転換、ストレス発散を上手にする

受験というものには、期限があります。近づいてくると焦りますよね。そして、親御さんも疲れて、気持ちが安定していないときだってあると思います。そんなときには、ちょっと休憩。受験のことをちょっと忘れて、たとえ短時間でもカフェで読書しながらおいしいスイーツを食べたり、大好きな音楽を聴いたりしてリフレッシュ！受験においてお子さんを一番近くで見守るママが感情を安定させるためには、**「一人時間」を満喫することが肝心**です。お子さんが見たいのは、親御さんの笑顔。親御さんのメンタルを平らかに保つ工夫をしてみてください。

04 受験に熱心な親がしていること

❶ 年少の秋から準備する

小学校受験は、まだ言葉の習得もおぼつかない年少さんのころから取り組む方も多いです。わたしの教員時代には、学校見学に来られたママに「お子さまは何歳ですか？」と尋ねたところ、微笑んでご自分の大きなお腹を差し示す方がいらっしゃって「**まだご妊娠中のうちからご検討されているのですね**」と、たいそう驚いたものでした。

「準備が早いから」「ゆっくりだから」と一喜一憂することはありませんが、早ければ親御さんがお子さんの成長をゆったりと見守りながら、「いまできること」を焦らずできる利点があると思います。もちろん、年長さんから準備されたとしても、それまでお子さんがのびのびと経験してきたことがしっかりと成果に結びつくこともあります。お子さんの性質や親御さんのお子さんへの子育ての指針を考えながら準備されてはいかがでしょうか。

❷学校見学に早めの時期に行く

学校見学は親子ともに、その学校への入学の気持ちを高め、受験の日までワクワクした気持ちを持続するためでもあります。複数の学校を希望の学校として選ぶ場合もあるかもしれませんが、どの学校にもよさがあります。時期にゆとりをもって見学に行くことで、学校説明会でわんさか人が集まるときとは別の、自然な児童・教員の姿を見られるメリットもあります。

学校の噴水やその周りの自然の美しさに感動したり、大きなグラウンドに夢を馳せたり、通う児童の活発で仲のよい姿にあこがれを抱いたり…と、より具体的な、入学への強いイメージを持てることにもつながります。

このように、**学校の様子を早めに見られることは利点だらけ**なので、もし早めに足を運べそうでしたら親子で気持ちを高めるためにも行かれてみてはいかがでしょうか。ただ、学校によっては、コロナ以後の対応として、見学受付の日が決まっているなど、制限がある場合があります。事前に確認してみるとよいでしょう。

❸学校の先生に顔を覚えてもらうレベルの頻繁さ

非常に熱心な親御さんの中には、❷の学校見学も含め、学校に足を運べるすべての機会に出席される方も何人もいらっしゃいました。もちろん、それだけで合否に関わるわけではないのですが、熱心さは伝わります。

中には受験では惜しくも合格にはならなかったけれども、その後**編入試験にチャレンジして見事合格**を果たしたご家庭もありました。場合によりけりとは思いますが、こんなご家庭は、親子ともに「学校が大好き！」「友達が大好き！」「先生が大好き！」となることが多く、私が知る子も終始笑顔で学校生活を過ごし、また卒業するまで（中学入学後も）高い成績を保ちながら、意欲を持って生活していました。これだけ惚れ込んでくださることは、学校にとっても教員にとっても、ありがたく幸せなことです。

❹保育園に通わせている親は不利なのか？

そんなことはありません！　たしかに以前は、生活の大部分をお子さんの受験のためにささげていらっしゃる専業主婦のママが多かったと思います。しかし現在、小学校受験を考えていらっしゃる方は多様で、共働きのご家庭は急増。**お仕事に励みなが**

らも、お子さんのために尽力されるご家庭が多いです。

わたしが勤務していた学校でも、就職当時と比べると、共働きのご家庭がかなり増えました。また、保育園出身のご家庭も多くなっています。

わたしの個人的な印象を申し上げますと、保育園出身のお子さんのほうが生活力は高く、給食や着替えのスピード、列に並ぶ際のスムーズさなど、とりわけ学習面以外のことについて秀でていたお子さんが多かったように思います。

ただ、親御さんが入学後、例えば、「うちは働いているから、〜できません」というのはやっぱり難しい、と思います。

公立小学校でも「働いていればＰＴＡの役員免除」とはいかないのと同様に、どこの小学校に行っても、ある程度の両立は求められると思います。

学校側としては、正直なところ「それはわかった上で本校を選んで入学されていますよね？」という気持ちがあります。またこのあたりは、私学では「誓約書」などを親御さんに一筆書いていただき、同意をいただいてからご入学いただいています。この点は、しっかりとお考えいただきたいところです。

column 1

「子ども」が学校の看板。設備だけではなく「人」で選ぶ

みなさんは、受験校をどのような観点で選ばれているでしょうか。

もちろん、設備や、学習のカリキュラム、中学への進学率なども加味すると思いますが、何と言っても学校は子どもたちで成り立っています。「学校の評判は、通う児童が作っている」とも言えます。

学校見学に来られた、とあるご両親が、わたしが勤めていた学校の児童に感銘して、「こんなお子さんがいる学校に自分の子どもも通わせたい」と熱心に話をしてくれたことがありました。

詳しくお話をうかがうと、バスに乗っていた際に、具合が悪くなった低学年の女の子がいて、吐きそうになっていたのを見て、4～5年生くらいの高学年の女の子がとっさに自分の制帽を差し出して、その中に吐しゃ物を受け止めたというのです。その後、そ

の高学年の女子が、吐いてしまった低学年の子と1度バスを降り、バス停のベンチで休ませている姿を見て、「こんなことは大人でもできない。貴校のお子さんの対応に感動しました」とおっしゃっていました。

その後、その子がわたしのクラスの子どもとわかり、確認したところ、「ああ、そんなことがありましたね〜」とケロっとしていました。

ちなみに、その子はクラスではずいぶんとやんちゃな子だったのですが、ここぞのときには行動力と優しさを発揮する子で、さらにその子の素晴らしさを感じたものです。年齢は違っても子どもというのは大きな力を持っているものですよね。

そういうわけで、学校選びの際に、ぜひ子どもたち、または教員の様子を、選ぶ基準の1つに加えていただきたいと思います。

お子さんたちは、「人」の中で過ごすのですから。

第2章

私立小学校に受かる子ってこういう子

駅で○○スーパーの
行き方を聞かれたら？
駅の前の信号を
わたってつきあたりを
左にまがるって
おしえてあげるよ！
○○スーパー

01 受験に受かる子の3つの特徴

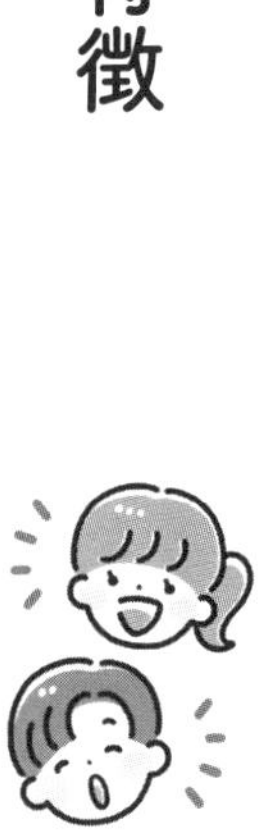

小学校受験に挑戦される場合、みなさんお子さんを幼児教室（塾）に通わせて、しっかりと「お受験」の準備をされると思います。当然、当日は点数が高いお子さんから順に合格が決まっていくわけなのですが、教師側から見て「ああ、この子は魅力的だな」「うちの学校に来てほしい」と思うのは、ただ単に点数の高い、「そつなく問題をこなす子」だけではないのです。

点数としては他の子と大差なくても、「この子いいな！」と思う子には、以下の3つの特徴があります。採点している教師側の考えと、入学後実際に一緒に生活することを踏まえて長期的な視野で「合格」する子の特徴をぜひ知ってください。

❶ユーモアのあるコミュニケーション力

（積極的、感情豊か、前向き、ひとへのかかわりを楽しむ、緊張している子がいたら笑わせてあ

げる、など）

コミュニケーションは、ときとして人に勇気を与え、あるいはリラックスさせ、笑顔にし、身体の内側から「楽しいな！」と感じさせる力を持っています。その代表的なコミュニケーション力が、「**ユーモア**」なのです。

この「ユーモア」とは、何かを言って、ゲラゲラ笑わせることを指しているわけではありません。受験においては、「自分のことで精一杯」「必死」な子どもたちがほとんどです。もちろんそれでいいのですが、中には、目と目が合うとニッコリ笑ったり、緊張している子を見て「ドキドキしちゃうよね」と言ったり、教師を見て「先生って、おもしろいね～！」と声をかけてくる子もいたりします。学校側の方針などにもよりますが、わりと男子が多めの学校や、雰囲気として伸びやかな学校だと、そんなお子さんが好ましく映ったりもします。ガチガチに緊張している子より、肝が据わっていて本番に強い、何か大成する雰囲気を持ち合わせていたりするのです（もちろん、教師の指示行動がまったくとれていないような場合は話が別）。

教師側も、「この子が6年間、本校で生活したらどんなふうに化けるだろう？」とちょっとワクワク期待してしまうのです。

こう考えてみると、「ユーモア」ってコミュニケーションの上乗せにもなり、他の子との違いを伝える余裕すら感じさせてしまうものだと思いませんか？

そんな「ユーモア」を持ち合わせたお子さんは、入学後もクラスの子どもたちを和ませてくれる、とっても素敵な存在になりうるのです。

❷アドリブ力

（明るくエネルギーがある、ストレスにも耐えることができる、勇気がある、柔軟性がある）

アドリブには、「場数」「センス」もあると思いますが、日常的に意識することで、鍛えることもできます。

受験こそ、まさにアドリブが必要。とっさのときにこそ、その子の本当の姿が見えます（保護者面接も同様です）。そして、受験に限らず、今後もお子さんを「ここぞ！」のときに助けるのがアドリブだと思うのです。

受験という、幼いお子さんでもピリピリと緊張が走るとき。そんなときでも自分だけでなく、他の子に対してもアドリブ対応ができることって大切だと思いませんか。

それこそ人間力。

たとえば、「受験当日トイレに行ったとき、ハンカチを忘れた子がいたら貸してあげる」「試験でグループが作れない独りぼっちの子に、進んで声を掛けられる」「急に折り紙の折り方を忘れてしまったり、もしくは誤って紙を破いてしまったりしたときにその旨を落ち着いて伝えられる」…こんなことに即活用できるのです。

小学校に入ったら、急に集団生活になります。先生がすべての自分の行動を細かく見てくれるということは激減します。そんなとき、「困っている」「どうすればいいかここまで考えたけど、この先これでいいのか？」などと尋ねて確認できることが必要なのです。依存する「待ち」の姿勢ではなくて、自分から積極的に行動していくこと。

小学校では、アドリブ力は必須の力と言えます。

❸素直さ

素直って、それだけで財産だと思うのですよね。

人は、人の中で生活し、成長していきます。ですから、人からの意見に耳を傾けられること、たとえ自分の好みや考えに反していたとしても「ふうん、そんな考えがあるのか」「おもしろそう。今度ちょっとやってみようかな」と思う子どもは、**行動の**

幅が広がると思うのです。これは、「人に迎合する『イエスマン』になれ」「行動を変えろ」と育てているわけではありません。自分の考えやこだわりはとても大事。それが自分の姿を形作っています。でも、人の考えや行動をどう「受け止める」か。その受け止めの姿勢こそが素直さに直結しているのではないでしょうか。

クラスに30人の子どもがいれば、それぞれ考えが違うのは当然。「この子の、この考えはぼく（わたし）とは違うけれど、こちらの考え方には賛同できるな」そんな姿勢を持っている子は、同じように友達からも受け止めてもらえることでしょう。頑固な子は、接しにくい。入学してからも、教師はちょっと手を焼きます。

素直な子がクラスにいると、クラスが明るく、和やかになり、個を大事にできるクラスになっていくのです。

小学生の6年間の成長は、驚くほどです。身長110㎝ほどの子が160㎝になるほど成長したり、足のサイズも靴箱からはみ出すほどの、26㎝くらいにまで育つ子もいます（30㎝定規とだいたい一緒です！）。1年生のまだ「幼い子ども」から、6年生の間に「大人と見まごう」ほどの成長を遂げるわけです。この6年間に、子ども同士、または教師から多くの刺激を受けて、「素直さ」を持って自分の「枠」を広げられること。いろいろな人に出会い、多種多様な考えを知ることは、今後の子どもの人生にも大きな大きな役目を果たすことでしょう。

02 どうやってユーモアを身につければいい？

ここまで読まれて、「ユーモアやアドリブ力が大事なのはわかったけど、どうやって身につけたら…」と思われるかと思います。まずは「ユーモア」を身につけるための、家庭でのトレーニング例を挙げてみます。

初級レベル

❶「言い方」で惹きつける

♛早口で言う（リズムを変える）。

例：「〇〇君っておもしろいよね～」とママが言うとして、子どもが「おもしろいよね！」

と早口もしくはとてもゆっくり言う。

♛声の大きさや調子を変える。

例：「むか〜しむかし、あるところに」と、ここまでふつうの大きさの声で言い、「おじいさんとおばあさんがいました」と小さな声で言う。

例：「今日ね、先生がね…」と、暗い声で話し出した後で、「すっごくおもしろいことを言ったんだよ〜〜！」と、明るく笑顔で言う。

❷「表現」はオーバーに

例：びっくりしたときには、目を大きくして、両手を上げて、「わ〜！　びっくりした！」と飛び上がる。

例：嬉しかったときには、「やった！」と（女子なら手をパチパチしながら、男子ならガッツポーズしながら）笑顔で喜ぶ。

中級レベル

♛あえて同じテンションで言う

例：「おなかすいた～」とボソッと言われたら、「〇〇くんはお腹ぺこぺこくんなんだね～」とボソッと返す。

上級レベル

❶逆説的にとらえて言う（矛盾、反対の言葉で言う）

例：ぼくは、このウルトラマンを買いたい。でも、自分のお金が減るのはいやだから買いたくない。

例：わたしは、〇〇くんと話したい。でも、ドキドキしちゃうから話したくない。好き↔嫌い

❷「内容」で惹きつける

♛ありえないものがいる編

例：きちんと手を洗っていない友達に、「あ。おしいな！　手のひらにバイキンくんと

バイキンちゃんが6匹いるよ！　もう1回手を洗ってみたら？」と言う。

難しい言葉を使う編

例：まだ4年生なのに、先生から「字が雑」だと指摘された男の子の返し方。

「善処します！」

※家でパパがママに片付けのことを指摘されたときに、「善処します！」と答えることがスタンダードになっており、思わず学校で出た言葉だとか。ご家庭で使っている言葉がお子さんにも影響を与えているユニークな例ですね。

自分がしたことにして人をかばう編

例：クラスでおならをしてしまった女の子。でも、周りの子は誰なのか気づかない。
そんなとき、自分がしたことにして「あれ、ぼくおなら出ちゃった？　我慢してたのに～」などと言ってさりげなく女の子をかばう。

ポジティブにとらえる編

例：「今日、寝坊して、朝ごはんが食べられなかったんだ」という子に対して、「じゃあ、お昼はきっといつも以上においしいね！」と返す。

03 人を笑顔にさせるアドリブ力も磨こう

「ユーモアは練習可能なのは何となくわかったけど、アドリブって練習ができないからアドリブなのでは…」と思われた方もいらっしゃると思います。実は、**アドリブも練習可能**なのです。もちろん、実際に起こることはまちまちではあるものの、何度も練習することで、「型」のようなものは身についてきます。ここではいくつかの練習方法を紹介します。ご家庭でもやってみませんか？

❶トラブルが起こったとき、どう回避する？

次のセリフをおうちの方が言ってみて、お子さんが何て言うか、試してみましょう。

♛おうち編①
「しまった、寝坊しちゃった！　間に合わない！　どうしよう？」
♛おうち編②
「（ぬいぐるみなどを抱っこして）うちの子、様子が変！　ぐったりしているわ。どうしよう？」
♛お店編
「あの〜、今日はジャガイモはないんですか？　カレー作るんです。どうしてもほしいんです。」
♛災害編
「わ〜！　地震だ！　ママは妹とお風呂だ。どうしよう？」
♛事故編
「ママが自転車で転んだ！　血がいっぱい出てる！　しかも動けない！　どうしよう？」

きっとお子さんたちは、身支度を手伝ってくれる、人形やぬいぐるみを病院に連れて行ってくれるなど、頭を働かせて反応してくれることでしょう。

子どもは、遊びを通して問題に向き合っていきます。おうちの方も一緒に頭を働かせてセリフを考え、お子さんの豊かな体験につながるように、いろいろな言葉をかけてみましょう。

❷初対面の人との会話力の鍛え方

道を聞く編
「〜への行き方を教えてください」など、知っている道でもいいので聞いてみる。

説明を聞く編
「○○はどこに売っていますか？」など、知っているスーパーでもいいので、聞いてみる。

遊ぼう！　と声をかける編
公園で会った子に「こんにちは」とあいさつをし、「一緒に遊ぼうよ！」などと言って遊びに誘ってみる。

❸日常生活の中でどんどんアドリブを試そう

例：「おなかすいたあ〜」の一言に、

「おなかとせなかがくっついちゃいそうにおなかぺこぺこだよね」

例：「さむいね〜」の一言に、

「さむすぎて、外に出たらこおった！（できれば固まった様子を表現）」

このように、相手の話に、もう少し付け足してから返してみましょう。

近年、**GRIT**という言葉が聞かれるようになっています。

GRITとは、「Guts 度胸」「Resilience 復元力」「Initiative 自発性」「Tenacity 執念」の頭文字のことを指しています。

これらの4つの力を高めることで、「やる気を持ち、ねばり強く、目標を達成できる人」になることができ、人生を成功に導く重要なこととして、注目を集めています。

ここで大切なことは、GRITはIQや才能には関係なく、「生まれつき」ではなく「後天的に」「誰でも」得ることが可能であるということです。とすると、「子どものときに、いかにこの力を身につけることができるか」がとても大切だとわかりますね。子どものその後の人生が大きく変わるかもしれません。

04 「素直さ」の育て方

素直な子は、成長できる子。そして、素直だと、人からも助けてもらうことが多く、結果的に学校生活を過ごしやすくなります。

特徴として見られるのは、表情、姿勢のよさ、一生懸命さ。

ただ、ここで言う「素直さ」とは単に「大人の言うことを全部受け入れる」ことではありません。むしろ、「**自分で考える**」ことが大事なのです。ここも忘れずに育てていきたいですね。素直さのポイントは以下のとおりです。

❶まずは表情から
❷気持ちは姿勢に現れる
❸一生懸命な姿勢を大切にしよう

❶表情

表情が豊かであることによって、相手に敵意がないことを伝え、わかりやすく自分の考えを伝えることもできます。

もちろん、目つきも大事です。**人の目をまっすぐに、しっかり目をそらさずに明るく見られるか**。まっすぐに人を見られるのは、やましいことをしていない証拠。純粋な様子ととらえられるのです。

【具体的な表情】

興味があるものを見ると、目がキラキラと輝く。うんうんとうなずきながら話を聞く。目が合ってもにらんだりせずに、しっかりと見つめ返せる。喜怒哀楽が伝わりやすい。

OKな表情とNGな表情

あいさつのときに、ほほえみながらあいさつできる。声の表情としても、明るく機嫌のよい声の調子…。これらはすべて品格のよさにもつながり、私学の子どもとして必要な表情と言えます。

【NGな表情】

無表情。反応がない。目が合わない。すくいあげるように見る（上目遣い）。じろっと横目で見る。目を薄目にして疑い深そうに見る。見下ろすように見る。挙動不審のように目が泳ぐ…。これらは品に欠け、意地が悪そう、感じが悪いと思われます。私学の入試では、「表情という点で残念」と受け取られてしまいます。

【好ましい表情の育て方】

もし、お子さんがNGな表情・目つきになっているとしたら、「不安なのかな？」「自信がないのかな？」と受け止めてみましょう。不安を取りのぞき、自信をつけさせてあげることが先決です。

「大丈夫だよ！」「それで合っているよ～！」と言いながら、小さなことでも認めてあげることで安心し、自信が生まれ、その後は目つきも安定してくるものです。

さらに、目だけで人や物を見ていないか確かめてみることも必要です。顔ごとしっかり動かして見るように声かけするといいですね。

もし、お子さんが薄目でものを見ているのなら、単純に視力が落ちていることも考えられるので、視力検査をしてみるのもよいでしょう。

ほんのちょっとの瞬間でも、NGな表情はしない方がいい。お子さんが安定した表情で感じよく受け答えできていたら、思い切りほめてあげましょう！

❷姿勢のよさ

姿勢には、気持ちが現れます。姿勢のよさは、明るさ、前向きさ、やる気、素直さ

OKな姿勢とNGな姿勢

を相手に感じさせるのです。

【正しい姿勢】

正しい姿勢は、椅子に深く腰かけ、お尻が背もたれについている状態です。何かを書くときは少しだけ浅く腰かけ、身体全体が机に対し正面を向くようにします。

また、足裏が床についていて、ひざの角度は約90度の直角に近い形になっているのが理想的。机とお腹の間は、握りこぶし（グー）1つ分を開け、背筋は伸ばします。

姿勢には、家庭環境が出てきます。いままできていなくても日々の積み重ねで、徐々にできるようになります。

【NGな姿勢】

浅く腰かけすぎて斜めにすべっているような座り方や、本やゲームをのぞき込みすぎて猫背。首だけ前に出ているような状態。肘をつくのもよくありません。肘に体重がかかる状態が続くと、腕の痛みや、身体の歪みの原因にもなります。

また、椅子の高さが合っていないと足裏が床につかず、足をブラブラさせたり、椅子の脚に自分の足を引っかけたりするようになります。大人でもこんな姿勢をしていると「残念な印象」を与えてしまいます。

【好ましい姿勢の身につけ方】

足裏が床につき、ひざの角度が約90度になるように、座面の高さや足置きの位置を調整します。子どもは成長が早いので、ときどきチェックすることが必要です。クッションなどを置いて、座面の高さを調整するのもおすすめです。

姿勢のよさ、そして悪さには、家庭の姿が垣間見えます。つまり、この姿勢を身につけさせているのは家庭の教育によるもの。すると、お子さんのよくない姿勢は、「家庭が受け入れてしまっているのではないか」と思われてしまうのです。

受験では、待合室の様子も見られています。

子どもは、そんなに集中力は続かないものなので、家庭でいつもしているよくない姿勢がうっかり出てしまいます。

だとすると、日頃からたとえ無意識でもよい姿勢がとれるように、いまから意識していくとよいですね。

❸ 一生懸命さ（粘り強さ、丁寧さを含む）

何事にも精一杯、一生懸命に取り組む姿というのは、人の心を打ちます。粘り強さ、丁寧さも同様です。

行動観察においても、時間がかかったり、できあがったものが多少不格好だったりしたとしても、向き合う態度がどんな様子だったか、あきらめずに最後まで投げ出さずに取り組んだかということが十二分に見られています。

学校に入学したとして、すべての子どもが得意なものばかりか？　苦手なものはないか？　というと、もちろんそんなことはありません。苦手なことにどう向き合うか。

そして、克服するためにどう自分を改善していくか。それこそが大事なのです。

【好ましい態度】

うまくいかないことがあっても人のせいにしない、すぐにあきらめない、工夫しながら続けて取り組む、雑にせず丁寧に取り組む。字が納得いかなかったら消して書き直す、嫌いな食べ物があっても先に食べようと奮闘しているなど、ひたむきに取り組む姿は人の心を打ちますし、自分で引き受けようとする姿には品格が出ます。

【NGな態度】

すぐにあきらめる、うまくいかないとわかるとかんしゃくを起こす、失敗したときに人のせいにするといった態度はNGです。「適当に済ませる」という行動には、粘り強さや真剣みが感じられません。うまくいかないときこそ、本来の姿が現れるのです。

【好ましい態度の身につけさせ方】

どんな小さなことでも「心を込めて」向き合う子どもを育てることが肝心です。そのために、**まず子どもに「自分の苦手なことに取り組む」という姿があったら、手放しでほめていくとよいですね。**たとえ時間がかかったとしても、あきらめずに丁寧に取り組む姿勢を存分にほめてあげてください。

もちろん、あまり時間がかからずに仕上がる方がよいかもしれません。しかし、真剣さが感じられ、人や物事を大事にしている様子には、その子の可能性や、努力を惜しまない様子が伝わるのです。

❶❷❸と伝えてきましたが、何より、こうした子どもに育てるには、親御さんご自身がまず、率先して表情も目つきも姿勢のよさも示し、何事にも一生懸命、粘り強く取り組む姿を日頃から見せることも必須です。よく言われるように、子どもは親の「言うこと」より「すること」を見ています。わたし自身、自戒を込めてこのように書かせていただきます。

05 元教師が語る「こんな子はご縁をいただける！」10のポイント

❶表情よくあいさつができる

あいさつは、コミュニケーションの基本です。試験に臨む際、小学校に入るときや出るとき、試験監督の先生や廊下の先生などに、あいさつをするのは当然できると思うのですが、守衛さん、事務の人など、試験に関わっていない大人を見て自分からあいさつできるか。逆に言うと、**誰を見ても自分から進んであいさつができるお子さんは、「入学してきてほしい子」です。**

そして、無表情より表情が豊かな方がいいですね。入学後も表情豊かな子の方がクラスの友達も楽しいしわかりやすいし、ほっとします。教師だって人間なので、ニッコリする子どもには好感を抱きます。笑顔は、コミュニケーションの最重要手段。言語すら超えていきます。表情よく挨拶ができることは、その子が今後、人とかかわって生きていく上での「財産」になるとも言えます。お子さんが表情よく挨拶できているときがあったら、どうぞ心からほめてあげてくださいね。

❷おちついて20分ほど椅子に座っていられる

試験のときには行動の様子を観察するため、座って何かをしてもらうことはよくある話。その間、おちついて姿勢よく椅子に座っていられることは、学校に入学後、即必要になる力。小学校の授業は、一コマ45分間と定められています。1年生でいきなり45分じっと座っているのは難しくても、20分ほど座っていられることは、私学では求められることです。

1年生の授業では、担任の先生も子どもたちを飽きさせないように、かつ、実り多い学習時間になるようにいろいろと工夫をしてくださいます。その時間の約半分である20分を目標にご家庭でもお子さんが椅子にじっと座っていられる時間をちょっとずつのばしていけるといいですね。「**昨日より10秒長く座れた**」ということでも、お子さんにとっては大きな変化です。

ちなみに、「座っていること」と「集中すること」とはちょっと違います。まだ1年生の段階では、20分「集中」するのは難しいと思います。子どもの集中力は年齢とほぼ同じか、「年齢プラス1分」などと言われます。年長さんだと、6歳であれば、6分～7分です。もし集中力が途切れてしまったとしても、周囲の子どもの邪魔をすることなく、静かに椅子に座っていられること、足をぶらぶらさせずにいること、あちこちよそ見せず、先生を見られること。そんな子どもが私学では求められています。

❸話を聞いてそのとおりに行動できる

いわゆる「指示行動がとれるか」です（例：「自分のロッカーからクレヨンとスケッチブックを持っていらっしゃい」のように、お子さんが言葉で言われたことを耳で聞いて一人でそのとおりに行動できるかということ）。おそらく幼稚園や保育園でも、年長さんであれば指示行動がとれていたはずです。小学校に入ると学習の時間がぐん！と増え、指示行動だけです。1年生でも5月の連休明けには1時間目から5時間目まで学習をします。

小学校に入ると、1クラスの人数が増えるので、教師はお子さんたち全体への指示を出し、大部分の子どもたちがそれを聞いて動けるように導いていきます。もちろんわからない子がいたら助けていきますが、学校としては教師に依存せず、自分で聞いて判断し、行動がとれるようになる子を求めています。

試験でも、もちろんそれができるかを見せてもらうので、一生懸命耳を傾けて「聞こう」「理解しよう」とする子に来てほしいのです。

❹困っている人を進んで助ける

「勉強ができる」「運動ができる」だけではなく、私学では全人的なお子さんの成長を求めています。したがって、学校にもよりますが、**「進んで人を助ける子ども」が求められています。**まだ幼い年長さんでも、幼稚園や保育園では一番年上。きっと年下の人を助けることを率先していると思います。人として、困っている人を見たら、「自分にできることはないだろうか」と考える。それが現在のお子さんにあれば、大変素晴らしいことですね。ぜひそれをほめ、伸ばしてあげてください。

❺礼儀正しい

礼儀を重んじることも大事です。敬語がちゃんと使えること、お辞儀をときと場合によって使い分けること。言葉づかいについては、私学に通う子どもとして、意識できてほしいところです。まだ年長さんの段階では、難しい敬語が使えないのは当然です。でも、日常のかんたんなあいさつで、「おはようございます」「こんにちは」「ありがとうございます」「ごめんなさい」「よろしくお願いします」「さようなら」くらいは進んで使えることが望ましいですね。「わかっていても言えない」のではなく、「自分で使えること」が大事なので、もし近所の大人の方に自分から敬語でお話できていたら、「**丁寧な言葉が使えていて、大人の仲間入りできているね**」などとほめてあげてください。お辞儀も浅いお辞儀（あいさつ時）、少し深いお辞儀（ごめんなさい、よろしくお願いします）というふうに、使い分けができるといいですね。

❻公私をわきまえられる

かんたんに言うと、いま自分が学校や登下校の際のように、「公の場」にいるか、それとも家庭で自分のペースで過ごせて、わがままも通ってしまう「私的な場」にいるか、その違いをわかっているか。そして、それに気をつけて行動をとれるかということになります。

たとえば、小学校では「疲れたなあ〜」と思っても、床に寝そべってダラダラしたり、眠ったりすることはないと思いますが、家だとソファや床にゴロゴロすることもあるかと思います。また、学校ではトイレに行きたいときに「おしっこ～」などとは言わないと思いますが、家だと「おしっこもれそう～」と言いながらトイレに駆け込むこともあるでしょう。**「わきまえる」とは、そんなふうに状況を見て周りの人が不快に感じない行動がとれる**ということです。

このためには、自分の気持ちを優先させるのではなく、他人の気持ちを考え、自分の行動が他人をどのような気持ちにさせるかを知ることが大切になります。ご家庭で、たとえば、お子さんがわきまえた行動がとれていたときにしっかりほめてあげたり、外出時にわきまえた行動をとれている子を見たら「かっこいいね」と模範のように示したり、反対にそれがうまくできていない子を見た場合に「どんなふうに思うか」を考えさせたりすることを促していくとよいと思います。

❼気持ちを切り替えられる

気持ちの切り替えって、大人でも難しかったりしますよね。

もちろん、最初からすべてうまくいくことはまだ幼いお子さんに望んではいませんが、「切り替えよう」としている姿は相手に伝わるものです。うまくいかなかったときにかんしゃくを起こさずに向き合おうとしているか、友達とうまくいかなかったとき、教師から注意を受けたとき、たとえ涙がぽろっとこぼれても、その後「**またやってみよう**」ととらえ、挑戦できるか。こんな繰り返しで、お子さんの心は磨かれていくと思うのです。一つひとつ、小さいところからでいいので、お子さんが気持ちを切り替えられたときに、気づいて伝えてあげられるといいですね。

❽あきらめずねばり強く取り組む

小学校に限りませんが、思うように進むことばかりではありません。むしろ、年齢を重ねていくにつれ、物事が自分の考えるようにかんたんには進まないことを知ることもあるでしょう。そのときに、「もう一回やってみよう」「今度は別の方法で取り組んでみよう」「何としてもやり遂げたい」そんな気持ちを持っている子と、そうでない子とでは、大きな差がついていくと思います。かんたんにあきらめない子は、工夫して努力を続ければ、目標を達成できるということを体感できるでしょう。そして、これは人間関係にも言えると思います。すぐにはあきらめず、ねばり強く取り組む子は、他の子からの信頼も厚くなります。お子さんがどんな小さなことでもあきらめずにじっくりと取り組んでいたら、大いにほめていただきたいです。

❾自分で工夫して問題解決しようとする

小学校に入ると、「自分でやりぬく力」を求められます。わからなかったらすぐ先生や友達に聞いたり、人にやってもらおうとしたりするのではなく、自分で向き合い、自分で工夫し、なるべく最後まで自分の力で仕上げようとする。そんな子どもに育ってほしいと願っています。試験のときにも、わざと難しい問題を出したりするわけですが、**それは「正答できるか」を見ているのではなく、「そこに至るまで自分で試行錯誤できるか」「自分でやりぬこうと努力できるか」を教師側は見ています。**

ですから、家庭の中でもきっとお子さんが「自分でやる！」と主張し、まだ慣れないあぶなっかしい手つきで、何かをすることもあるかと思います。たとえばおかずをよそおうとしたり、水をコップに入れて運ぼうとしたり、難しいパズルの問題に眉間にしわを寄せながら長い間考え込んだりしているかもしれません。そんなときは、ほめるチャンス！「この子は自分で解決しようと思っているんだ」と受け止め、どうしてもお子さん一人での解決が難しい場合は、さりげなく助け舟を出して、1人で頑張ろうとしているお子さんを励ましてあげてください。

⑩学校の教育方針に合っている

たとえば、礼儀を重んじる学校に入学して、「うちはそんなに礼儀には厳しくないんです。自由でのびのびした校風がうちの子に向いているので、あまり礼儀に関してうちの子には注意しないでください」と言われても、通用しません。

私立では入学の際の約束事に「学校の教育方針に賛同し、学校に協力します」のような文言があります。誓約書のようにして、署名の上、提出してもらう学校も多いです。逆に言うと、学校の教育方針に了承の上入学しているので、**学校の教育方針に合わない行動を何度もとってしまうと「退学」につながるケースもあります**。

出願する際には、学校の教育方針をしっかり見ることは必要不可欠となります。ぜひご家庭で確認をしてから受験をされてくださいね。

column 2

私立小に向く親、向かない親

いま本書を読んでくださっている方は、受験を考えている方ばかりではないと思います。そして、おそらくまだお子さんが年少さんや年中さん。ひょっとしたらそれより小さいお子さんを育てていらっしゃる方もあるかもしれません。また、受験は考えていないけれど、興味を持って読んでくださっている方。中にはお孫さんの受験を「祖父母として」勧めようとお考えの方もいらっしゃるかもしれないですね。

ところで、私立小に向く親御さん、向かない親御さんというのはあるのでしょうか。向く親御さんについて。まずは、ご自身も私立小学校出身の方。ご自身に私立小学校での生活がしみついていらっしゃると思いますので、「あたりまえだよね」という形で親御さんの立場になったとしてもお子さんや学校へのサポート・協力体制がすんなり整うと思います。

次に、お子さんの学校を理解しようとする、心から「この学校は我が子に合っていると思える方。学校行事や親御さんにご協力いただくことがあっても、「もちろんです」「ほかになにかありませんか」という姿勢で気持ちよく聞いてくださる方です。PTA活動にも、一番忙しい学園祭の時期前後には、毎日のように学校でお仕事をされている方もいらっしゃいました。しかし、たとえそんなときでも、「我が子や友達の様子。先生たちや学校の様子をこんなに間近に見られて、むしろお得です」というように受け止めてくださる方は、本当に向いていらっしゃると思います。大変なことでも「やらされている」「貧乏くじを引いた」と思うのではなく、「よい経験をさせてもらっている」「役員になれたからこそ、こんなに学校の様子がわかった」と言ってもらえることは学校側にとって本当にありがたいことです。

ここまでくればおわかりと思いますが、私立小に向かない親御さんは、そのすべてが真逆の方となります。他の保護者の方にもあまりよい印象を与えないと思いますし、ぜひ「向く」親御さんを目指して、1歩1歩進んでいただきたければと思います。

第3章

「受かる子」を育てるために、家庭でできること

受験となると、もちろん結果が出ます。「準備が足りていない」「時間がない」と焦ると、ついつい子どもを責めてしまったり、必要以上に厳しく接してしまったりすることもあるかと思います。でも、親のゆとりがないために、子どもにきつく当たってしまったり、子どもには何かをするように強要しておいて、親はダラダラしたりしているのは、やはり何か違いますね。ここでは、家庭でできることをお伝えします。

01 生活・しつけ面

～親が「ゆとり」を持つことが大事！

❶効果大！「ぬいぐるみ」にしゃべらせる作戦

子どもが元気のないときにおすすめなのが、ぬいぐるみにおうちの方の気持ちを話させる方法です。

ただ、子どもに直球で「何で元気がないの？」と聞いてもなかなか話してくれないけれど、**「今日は〇〇くん、ちょっと元気がないね。どうしたのかな～。ぼく心配だ**

なあ」とぬいぐるみに親の気持ちをしゃべらせると、気持ちを変えて話を聴いてくれるときも!

「歯磨きしない」「すぐに着替えない」そんなときにも活用可能!

子どもが怒っているときには、黙ってぬいぐるみを並べていくなどでもOK。優しい素直な気持ちを早めに取り戻してくれたりします。

小学生でもこの方法が通じる子もいます。3~4年生どころか、6年生でも算数の前にぬいぐるみを登場させて「今日は金曜日。ちょっとだるいなあ~」と言ってみると、いつもは無表情な子どもたちも顔じゅうにパッと笑顔が広がったものでした。

ただし、ぬいぐるみに親の考えを正論で話させるのは逆効果(例:「何で○○くん、キレイに宿題の文字を書かないんだろうね。もっと丁寧に書けばいいのにね」など)。ここだけは要注意です。

❷子どもをやる気にさせる「反対コトバ」のススメ

「早くしなさい!」という言葉は、実は親御さんが子どもに使う言葉の「トップ3」に入るそうです。

「急いでほしい！」この気持ち。親御さんなら毎日のようにお子さんに対して思っているかもしれません。そして、子どもって、忙しいときほど、なぜだか身支度に時間がかかったり、こだわりを強く主張したりしますよね。でも、そんなときに「早くしなさい!!」と声をかけると余計に時間がかかったりします。子どもは、急かされると焦ってしまい、うまくいかないことがあるからです。

これは、大人でも一緒だと思います。たとえば「早くその仕事仕上げて！」などと言われて、近くで腕組みされて見られると「わかってる！」と思いつつ、焦って緊張して、いつもは早く済ませられることなのに、時間がかかってしまう、というようなこと。あったりしませんか？

そんなとき、おすすめなのが、焦らせるよりも気持ちをゆったり持たせる方法。「急ぎなさい」は「**ゆっくりでいいよ**」、「早く食べなさい」は「**しっかりかんでね**」と、「反対コトバ」を使うのです。

いかがですか。こちらもなんだか優しい気持ちになってきませんか。

たとえば、靴を履くときに「早くはきなさい！」より、「**ゆっくりでいいからしっかりマジックテープで止めようね**」とか。

食事のとき、**「よくかんで食べようね。時計の長い針が「6」になったらごちそうさまするからね」**のように、具体的に伝えると効果的です。

反対コトバ、ぜひ意識されてみてくださいね。こうやってお子さんに接していると、お子さんも友達などに優しい言い方でお話できるようになり、結果的に友達からも大切にされる子どもに育つと思います。

❸「〇〇は言っちゃダメ」と言わない（否定は肯定に置き換えて伝える）

「禁止」の言葉は、やめたほうがいいのです。大人でも、禁止されると、逆に気になってしまうこと、ないですか。

「絶対見ちゃダメだよ」と言われたら見たくなるし、

「こぼしちゃダメ」と言われると、緊張してこぼしてしまったりする。

人間には、脳の働きとして、「～しないでね」と言われると、そっちが気になってしまう習性があるからです。

だから、たとえば水が入ったコップを運んでもらうときに「こぼさないでね」と伝えるよりも、**「そ～っと運ぼうね」「ゆっくりだよ」**と**「肯定の言葉で」伝えた方が子**

どもはうまくいくんです。

ぜひ「禁止」の言葉を言いそうになったらストップ！　肯定的な「〜しようね」などの言葉に置き換えてみてください。

❹寝ない子には20分ととことん付き合おう！

「明日のために、早く寝てほしい…」これは、ママの夜の切なる願いだったりします。ご自分のこともしたいし。たまった家事やお仕事もあるかもしれません。

でも、そんなときに「寝なさい！」と言っても、「わかった」とは眠れないのも事実。寝ない子も、眠れないのが辛かったりする場合もあるんです。わたし自身も、遠い小さな子どもの記憶として、なかなか眠れないときに、薄暗い光で天井の木目の模様を見ながら「眠れない」「おばけみたいに見えてくる」布団に潜るけれど、「眠れない!!どんどん目が冴えてくる」そんな記憶がいまだに残っています。

こんなときは、20分一緒にとことん遊んであげるなど、親がとことん付き合う覚悟を持つことも必要です。もう年中さん、年長さんだったら、寝なくちゃいけないことは頭ではわかっているのです。このことは、お子さんがまだ赤ちゃんだったときの「なかなか寝ない」というときと似ているかもしれませんね。抱っこして「寝てほしい!!」と強く念じて赤ちゃんを見ても、全然寝ない(笑)。けれども、こちらが半ばあきらめて「この子ととことん向き合おう。寝不足になっちゃうけれどずっと続くわけじゃないし」と心を決めると、あら不思議。すっと寝付く。そんなこともありましたよね。あのときと同じです。

また、身体は疲れていたとしても、脳が疲れていないと寝ない場合もあります。寝る前にちょっと難しい本(字が多い本、あまりなじみがない図鑑など)を一緒に見てみたり、頭を使うパズルをしてみたり、迷路クイズをしてみたり…と、身体を動かさずに頭を使わせてみるのもおすすめです!

❺出発時刻は30分前に設定!

一番大事なことは、ママが心理的・時間的なゆとりを持つことだと思います。子どもって、出かける直前に「トイレ」とか「この服はイヤ」などと急に言い出したりしないでしょうか? そんなときにイライラしながら急かしてしまうと、親子で嫌な気分のまま出かけることになってしまいます。

それを避けるためには、たとえば出かけるときは、出発時刻を「**本当の時刻の30分前に設定**」しておくなどすると、ゆとりを持って行動できますね。子どもが小さいうちは、ママも時間管理にがんばって取り組んでみましょう。

02 品格面
～ゆっくり、丁寧に

❶移動するときは「歩く」が基本！

走るのは運動するときで、基本的には歩いて移動します。走ると危ないですし、周りの人にぶつかってしまうおそれがあります。自分がケガをするばかりか、周りの人にケガをさせる可能性があるのです。子どもが歩いて移動しているのを見かけたら、たとえ「偶然。まぐれ」だとしても、それを大いにほめましょう。

品がある子は、歩く。行動もゆっくり動くほうが優雅。

そして、落ち着きがある子に見られますよ。

❷ごみが落ちていたら拾う

落ちているものを自然に拾える子は、私立学校に向いています。「落ちているものを見たときに素通りしない」子は、「気づく」「片づける」ことができる子なのです。

また、ごみ箱からごみがあふれていたら、上からぎゅっと押して、次の人がごみを入れやすい状態にするのも大事。こういうことは、親御さんはご家庭でもさりげなくされているかもしれませんが、お子さんにはアナウンスしていないときもあるかもしれません。

これは、外出先でも意識づけはできます。たとえば、ママが子どもとトイレに行った際に、手を洗った後、手を拭くペーパーナフキンが提供されている場合がありますよね。でも、まだお掃除の方が来ていなくて、ごみ箱からペーパーがあふれそうな場合、またはすでに2~3枚落ちているような場合、それに気づいた親御さんが落ちているものはごみ箱に捨てたり、あふれそうになっているペーパーを、上からぎゅっと押さえてごみ箱にしっかりと入れる。こんな行動をとっていると、お子さんも無意識にでもその様子を見ているので、当たり前のように同じ行動をとるようになります。

常にほかの人が過ごしやすい環境に気を配ることができる子に育てるためにも、「ごみが落ちていたら拾う」ぜひ意識されてみてください。

❸言葉づかいに気を配る

別に「お父様」「お母様」のような言葉づかいを強要するわけではありません。もちろん、ご家庭の教育方針はありですが、大事なことは、まず**簡単な敬語が使えること**（あいさつ、ありがとう、ごめんなさい、などにおいての丁寧語）。そして、**丁寧で美しい言葉づかいを意識すること**。言葉づかいには、その人の品性が現れます。私立学校に在職していたときも、公共交通機関での子どもたちの言葉づかいに感動し、電話をしてくださる方もいれば、残念ながら子どもたちの言葉づかいが悪くて、「聴いていて不快でした」とお叱りのお電話をくださる方もいらっしゃいました。

言葉づかいが悪くても優しかったり、人を助けたりするお子さんはいますが、やはり言葉による第一印象は大きいです。

流行の言葉をむやみに使わないこと、人が傷つく言葉は言わないこと、これも、もちろんのことですね。

最後に、**「単語」ではなく「文」で伝える。**これも大事です。「水」ではなくて、「お母さん、水をください」、「しょうゆ」ではなくて、「お父さん、しょうゆを取ってください」のように、文で伝えること。これも日々ご家庭で意識していただければと思います。この言葉づかいについては、私立学校では毎日のように担任が指導する内容でした。

❹ものの受け渡しは、両手で

おそらくお子さんも親御さんも気をつけることだと思いますが、**入試本番では、子ども同士のものの受け渡しや、何気ない親子のものの受け渡しの様子も、見られています。**付け焼刃では、とっさのときに出てしまいます。また、私立では、入学後も子どもと教師との物のやりとりや、子ども同士でのやりとり（たとえば、教師から渡されたプリントを列の先頭の子が後ろの席の子に渡すなど）も両手を使って丁寧に行わせることが多いので、ぜひふだんの家庭でのやりとりでも両手を使い、丁寧にものの受け渡しをするように意識していただきたいと思います。両手を使うことで、さらに気持ちを込めることもできますし、相手にもその気持ちが伝わります。

日常のお子さんの様子をぜひ見てみてください。もし、何気ない中で、両手で動作ができていたら、それはとてもすばらしいことなのです！

❺ものを拾うときには、膝を折って拾う

ものを拾うときに、膝を折って、腰をかがめてものを拾えていると、子どもでも品よくエレガントです。特に、女子が多い学校だと、この振る舞いができているといいですね。

女子の場合はもちろん、**スカートでの動作を考え、膝をそろえて背筋を伸ばしてかがめるとよいですね**。

ものを拾う動作は、急いで行うことが多いと思いますが、そんな中でも、その場で立ち止まって、膝を折ってものを拾う姿には、余裕が感じられ、優雅です。大人でも、床にものを落とした際に、このようにして拾う方にはつい目を惹かれてしまいませんか。入試のときにも、何かものを落としたときに、一度椅子から降りて腰をかがめて丁寧にものを拾う動作ができるお子さんは、とても印象がよいものです。ご家庭でも、優雅な動作を親子で楽しんで取り入れてみてはいかがでしょうか。

03 知識・学習面

～親がいかに「気づくか」がカギ

❶子どもの字のきれいさより、字の濃さをほめよう

受験を考える親御さんは、きっとお子さんの力をもっともっと伸ばしたい。可能性を広げてあげたい。そんな親でありたいと日々考える、愛情深い、一生懸命な方だと思います。

だからこそ、ついつい理想が高くなり、こちらの要求するレベルにお子さんが達しないと、不安になったり、お子さんに腹を立ててしまったり、最後には、そんな自分に自己嫌悪に陥ってしまったり…と、感情が揺れ動き、どっと疲れることもあるかもしれません。そんなとき、おすすめの方法が「**できたこと**」**に目を向ける**受け止め方です。

ペーパー試験を課す学校だと、解答を短い時間で、できるだけ丁寧に的確に書けるのがよいとされています。そうすると、字が雑な子にはつい「もうちょっときれいに書いて」とか、「書き直しましょう」などと言ってしまうこともありますよね。

でも、そうやって「よかれ」と思って声をかけているママの気持ちに反して、子どもは「ダメ出しされた」「いつも注意ばかりする」「ママはぼく（わたし）に怒ってばかりいる」という受け止めをしてしまいます。それは避けたいはず！

そんなときには、このように伝えてみましょう。

「字が濃くて見やすいね〜」

すると、あれれ。お子さんは、俄然やる気が出て、「あとちょっとやろうかな」と練習に取り組んでくれたりします。**字が雑な子というのは、教師経験から言っても、丁寧に何かをすることよりも、ほかの何かに価値を置いている場合が多いのです。**たとえば、身体を動かす方が好きだったり、本を読んだりお話を聴く方が好きだったり、自由に絵を描くことが好きだったりします。となると、文字を丁寧に書くというのは苦手分野かもしれません。

苦手な物事に取り組むことって、大人でも気合が必要ですし、できれば避けて通りたいと思いませんか？

わずか5歳6歳のお子さんたちが、苦手分野の克服に向かって頑張っているわけです。ママたちには、ぜひそれを考えて応援してあげてほしいのです。

ちなみに、毎日「字が濃いね」だと、変化がないので、

「昨日に続けて今日も濃くて見やすいね」
「今日も相変わらず字が濃いね」
「いつも濃くて見やすいよ」

と、変化させていってください。

これだけ「字の濃さ」についてほめられたお子さんは、字を書くことに前向きになっているに違いありません。やる気が出た子は、今度は「字を丁寧に書く」という、次のステージに勝手に進んで行ってくれます。どうぞ安心して、心からお子さんの字の濃さをほめ続けてくださいね。

ちなみに、入試のペーパー試験に限らず、字が濃いことは入学後もとても大切な力

になります。筆圧の強さは小学校低学年でしっかり育まれ、図工にも生きてきますし、作文などでも、字が薄いと、読み手に（先生に）負担を与えます。字が濃いことは、相手への思いやりにもつながっているのです。小学校中学年〜高学年になると筆圧を自分で調節することもできますから、ぜひいまのうちに字の濃さを身につけさせてください。

そして、勘の鋭い方はお気づきかもしれませんが、**いまお伝えしたことは、学習面に対しての「成果」ではなく、「過程（取り組み方）」をほめていることになります。**

肝心なことは、お子さんに「**継続してもらう**」こと。継続してもらうには、まず「やる気を出してもらうこと」。そのやる気は、親御さんの接し方、声のかけ方にかかっています。ママも楽しんで声かけをしてみてくださいね。

❷子どもに自信をつけさせる話し方
（例：「よく知っているわね。ママは○○くんくらいの年齢のときは知らなかったわ」）

小学校教師として18年間子どもたちに向き合い、いまでは学生さんや大人の方にもお話させていただいていますが、老若男女を問わず、その人に最大限の力を出してもらうには、何と言っても「自信をつけてもらうこと」が肝心です。

子どもに自信をつけさせるには、とにかく受け止めること。

「いいね」「そうだね」「やったね」など、受け止める言葉をどうぞ意識していかれてください。

細かいことは、いずれお子さんの身についていきます。たとえば、おうちにお子さんのおもちゃをしまう棚があるとして、最初からすべてのおもちゃをその棚の中の決められた場所にしまうことはできないかもしれません。そんなときには、まず棚まで持っていったなら○、ざっくりでもぬいぐるみを棚の中に入れられたら○、と…。

それから、お子さんが新しいことを知ったとき、おうちの方に話してくれるときがありますね。大人にとっては当たり前、知っていて当然ということでも、お子さんにとっては全部初めて知ったこと。感動があるんです。

たとえご自身が知っていること、珍しくないことでも**「よく知っているわね。ママは○○くん（ちゃん）くらいの年齢のときは知らなかったわ！」と、大いにお子さんの知識を認め、一緒に喜んであげてください。**お子さんは「そんなことも知っているの？　よく知っているね～」と、「知っている」ことをほめられると、それだけでとても喜んでさらに自信をつけていってくれたりするものです。

❸子どもをポジティブ評価する

（例：練習量が少なかったにもかかわらず「できたこと」「覚えていた」ことをほめる）

一般的に、練習回数と上達数は比例するもの。そんな中、「少ない回数でできた」「覚えていた」ということは素晴らしいこと！　ぜひ気づいて、ほめていただきたいです。お子さんには得意・不得意があって当然です。そんな中、「得意」をママが見つけてあげられると、最高です。「得意なことで自信を得た子は、不得意なことにも向き合う意欲がわく」ということも。お子さんを見ても「どこを取り上げて伝えていったらいいかわからない」という方もいらっしゃいます。そんな場合は、**いまお子さんがしていることを、そのまま伝えてあげる**といいですよ。

たとえば、「なわとびをぐいっと力強く回しているね」「椅子に座って背中をピン！と伸ばしているね」「逆上がりのときの足のけり出しがとても勢いがあるね」「お話を聴くときに、目を見てうんうん、って聴いてくれているね」「ひらがなを書くときに、お手本をじっくり見ているね」など。これらはすべて、お子さんの「見たまま」を伝えているだけですが、お子さんにとっては「ほめてもらった！」という意識になります。そして、親御さんがニコニコと見てくれていると、「パパ、ママが喜んでくれているって嬉しいな」と、また続けようとするものです。お子さんのやる気を引き出し、持続させるためにも、ぜひポジティブ評価をしてあげてください。

04 親も変わろう
～子どもとともに親も挑戦しよう！

❶親は子どもの鏡である

「子どもは親の『言う』ことより、『すること』を見ている」という話を聞いたことはありませんか。これ、耳が痛いですよね。

たとえば、ママが、両手に洗濯物をいっぱい抱えていたとして、部屋のドアを閉めるのに、つい「お尻でどん」と閉めるとか、流しの下の引き出しから鍋とフライパンを取り出したあとに、「よいしょ！」と蹴ってしまうとか。そんなことはありませんか（わたしはあります）？　こういうのを子どもはよく見ているのですよね。子どもが同じようにドアをお尻で閉めたりとか、棚を足で閉めていたりすると。「あちゃー！」となります。

そこで、改善策を考えるわけですが、先の洗濯物の例であれば、両手に洗濯物を持つと、ドアを閉められないので、洗濯物を入れる袋かかごを用意してみるのはどうでしょうか。どうせならちょっとおしゃれな感じのものを探してみて、それで片手が空くようにしてみようとか。鍋やフライパンの例では、その都度引き出しから出したり閉めたりして、そのときにお腹に力を入れて、しゃがんだり立ち上がったりすれば、腹筋トレーニングもできるな！　などととらえて、楽しんでみるとか。そんな明るい発想の転換も必要になるかもしれません。

そして、そういう丁寧な動作をママも心がけていると、ママ自身にも気持ちの変化が出てくるかもしれません。

丁寧な動作をすると、不思議なことに、優しい気持ちになるということがあります。

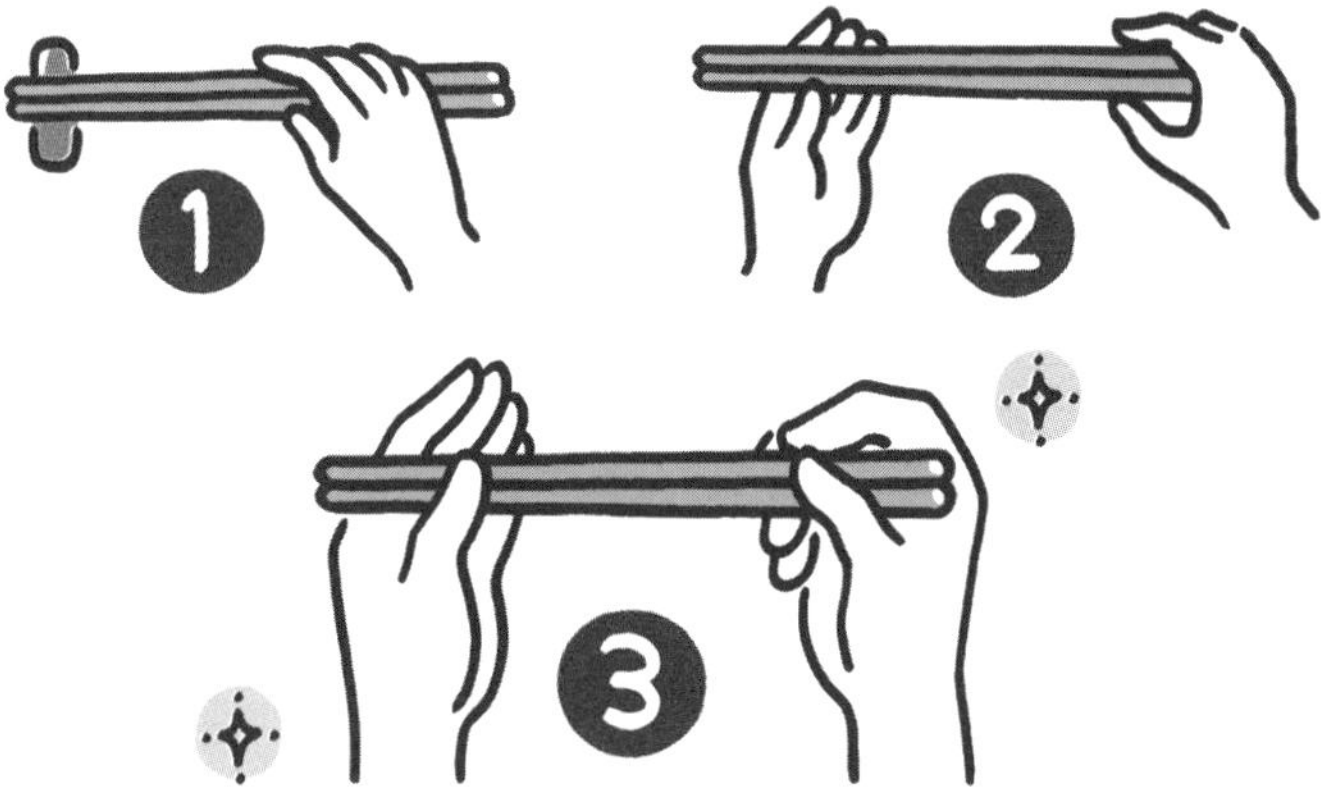

箸の持ち順

たとえば、お箸の扱いは、箸を右手で持ち上げ、一度左手で下から手を添えて、右手にしっかりと箸を持つ、というのが正しい持ち方ですが、こういう動作をすると、そのぶん、時間がかかります。しかし、時間がかかるからこそ、仕草も美しくなります。そして、丁寧な動作をすることで、心も整う気がするのです。あなたは、どう思われますか？

丁寧な動作をお子さんにさせる前に、その動作で得られる心の豊かさなども、お子さんに伝えられるとよいかもしれませんね。ふだんお忙しいあなただからこそ、ほんのちょっとのことで、心が豊かになる時間を。ぜひ、お尻でドアを閉めたりする回数を減らして（わたしもやりますよ！）、一緒にお子さんの鏡となる行動を少しでも意識してみませんか。

❷子どもが頑張っているなら親もその時間何かに挑戦してみる

子どもだけに頑張らせて、親御さんがテレビでバラエティ番組を見て笑っていたり、ゲームをしたり、スマホでネット検索したりしている…。

これでは、**お子さんが「ママ（パパ）ばっかりずるい！」「ぼく（わたし）はこんなにがんばっているのに！」って思ってしまうと思いませんか。**お子さんは、当然ながらまだ小さいので、自分だけが頑張るということは受け入れられないですよね。ご自分が逆の立場なら、おわかりいただけると思います。小学校受験に向けては、まだ幼いお子さんが、自分がほかにしたい遊びをちょっと我慢したり、やりたくないことにも向き合ってみたりするという積み重ねも必要だったりします。そんなときにあとちょっとやってみようかな、と思えるのは、「パパ、ママも頑張っているし！」と、お子さんが思える何かがあるから、ということも大きいです。

これまでこんな例をお聞きしています。

『忙しいママでもできる！
私立小学校を受験しようと思ったら読む本』

読者限定無料プレゼント

本書をお買い上げいただきありがとうございます。
本書の内容をより深く理解していただくために、
読者プレゼントをご用意しました！

詳細は裏面へ→

『忙しいママでもできる！
私立小学校を受験しようと思ったら読む本』

読者限定無料プレゼント

本書をお買い上げくださりありがとうございます。
本書の内容をより深く理解していただくために、
３つの読者プレゼントをご用意しました！

【特典１】
音声データ　ユーモアトレーニング初級中級編（3分）
本書でご紹介した「家庭でのトレーニング例（初級・中級）」を実際に話してみました。聴くだけであなたの理解が数倍深まり、お子さんにすぐに実践できるようになります。

【特典２】
音声データ　ユーモアトレーニング上級編（2分）
本書でご紹介した「家庭でのトレーニング例（上級）」を実際に話してみました。聴くだけであなたの理解が数倍深まり、お子さんにすぐに実践できるようになります。

【特典３】
親が優しい心であるために「知ってほしいことばかけ３選」（PDF）
本書でご紹介した「第３章　受かる子を育てるために、家庭でできること」の中から厳選３選をプレゼント！

こちらのURLにアクセスしていただき
無料プレゼントをお受け取りください

https://system.faymermail.com/forms/16953

CASE

○人前で話したり、リーダーシップを取ったりするのは元来苦手だが、一念発起して娘が年中の時に幼稚園の役員を立候補して引き受けた。夫や実家の家族からは心配されたが、やってみると存外に楽しく、娘は私が元々社交的なタイプと今でも勘違いしているようで、苦手なことも、挑戦すると意外とできることもあることを実体験として見せてあげられたことはよかったと思っている。

（匿名ご希望様）

○主人は同じタイミングで机に向かうことは難しかったが、自分も何かやろうと思ってくれたみたいで、前々から勉強していたFPの資格を取っていた。試験の時期が、息子の模擬試験の時期と近かったので、「お互い試験を頑張ろう」と父子で話していたようだ。

（T様）

ママたちが仕事が終わっていなくても、お子さんのお迎えなどの理由で、仕事を途中で切り上げることも多いと思います。残りの仕事を持ち帰ったとき、頑張るお子さんの横で仕事をされてもよいと思います。もし余裕があれば、この期間に親御さんも「何かに挑戦しよう！」という気持ちで、以前からしてみたかったことに向き合ってみるというのもいいかもしれませんね。

❸時間を決めて子どもに何かをさせるなら、親も同じ時間に何かに挑戦しよう

子どもに何かをさせるとき、ママたちも同じ時間、別のことをして勉強したりするご家庭もあります。

こんな話をお聴きしました。

CASE

○娘が年少時代に取得した介護の資格で、日曜日なども、早朝に1時間程度仕事をしてから一緒に勉強をしていた。そのため、「ママは何もしないで遊んでいる」という意識にはならなかった。

（匿名ご希望様）

○我が家の場合は、息子にそろそろペーパーをやってもらいたいなというタイミングで、まずは私が机についてノートを広げてペンを持つ…ということをしてい

た。内容はラジオ英会話で、通勤の電車でときどき聞いていたもの。私が英語の勉強を始めた姿を見せる事で、「あ、自分もペーパーやろうかな」と思ってもらえたら…という感じだった。

息子のペーパーが始まると、私は問題を読み上げたりサポートが必要になったりするので、実際には自分の英語は途中で切り上げる形になることがほとんどではあった。

（T様）

○生協の広報担当になった。そこで、石けんについての講座をした。

次女のときは、講師活動を始め、自分自身も新しい学びに時間を費やし、親子ともに頑張っているという姿が次女自らのやる気にもつながっていったと思う。

（H様）

同じ時間、親御さんも一緒に取り組む姿を見せることとは、お子さんも納得しますよね。共に励む経験は、「自分だけじゃない。ママ（パパ）も同じように頑張っているんだ」と、お子さんの中からもやる気や継続力がむくむくと湧き上がってくることと思います。

05 先生への接し方
～園の（もしくは幼児教室の）先生のよいところを見つけよう

❶先生をほめる

これは「先生に取り入りましょう」、とか「お世辞を言ってください」などということではありません。人として、気持ちのよいコミュニケーションをとるために、「相手のよいところを認めて、それを伝える（＝ほめる）」ことをしてはどうでしょうかということです。ほめられることを、嫌がる先生はまずいません。実は、先生は、意外にほめられる回数が少ないのです。「ミスをしたらクレーム来るが、普通にしていれば特に何もコメントなし」。これは社会では、当たり前なのかもしれません。だからこそ、教師側としたら、自分を認めてくれて、しかもそれを伝えてくださる親御さんは、天使のように見えるのです（おおげさではないのですよ）！

また、先生をほめると、先生だって人間ですから、「もっとこのお母さんのお子さんのことをしっかりと見てあげたい」「力を引き出してあげたい」と思うのは当然かもしれません。

さて、先生をほめるときに肝心なことは、「**先生をよく観察する**」こと。先生がどんなふうに我が子に向き合ってくださっているか。どんな言葉をかけているか。そこには、先生のどんな想いがあるのだろうか…と推測しながら観察していくと、先生の人柄が、よりいっそうくっきりと見えてきます。

具体的には、先生の真面目さ、優しさ、細やかさ、授業のわかりやすさ、子どもたちへの丁寧なかかわりなど性質や態度に関わること。あるいは、先生がピアノが上手、字が上手、足が速いなど能力に関することでもいいです。これまで大勢のママたちに「先生のこと、どれくらいご存じですか?」と聞いてみると、「よくわかりません」とお答えになる方が多かったです。大切なお子さんを預けているわけです。ぜひ関心を持って、先生の観察をしてみてくださいね。**しかもこのことは、現在の園だけでなく入学後も必須のスキルです**。今後も長く続く先生との関係ですから、いま、まだ早いうちからぜひ磨いていってください。

このように、ママが先生のことをポジティブにとらえていると、お子さんも先生のことを自然に敬い、よいところを伝えられるようになっていくと思います。今後、中学や高校、大学など、お子さんが目上の人と接する機会においても、あなたの接し方を手本に、同じように人のよいところを認め、伝えられる人になっていけると思います。人を認められる人は、自分も認められる人。お子さんが多くの方に認められ、力を引き伸ばしてもらえる人になりますように。

❷先生の言葉を謙虚に受け止める

ときには、先生からあなたのお子さんについて、注意を受けることもあるかもしれません。

そんなとき、反発したり言い訳をしたりするのではなく、まず謙虚に受け止めることがとても大切です。

具体的には、子どもをほめられたことには感謝を述べた上で「**先生のおかげです**」と伝える。注意を受けたときには「**申し訳ございません**。**家でもしっかり見ていきま**

す」と伝え反省を述べるというようなことです。

いまからそのような気持ちで園の先生のお話を受け止めていると、お子さんの力を最大限伸ばせるのはもちろん、入学後も役に立ちます。私立小学校では、お子さんのことを学習面だけでなく、運動、友達とのかかわり、社会との接し方、異学年の子どもとのかかわり、自然に触れた上での学びなど、さまざまな場面において伸ばしていくカリキュラムを作っています。

学校によっては、宗教など、思想の部分に触れる学校もありますし、特徴でもある宿泊行事の多さなどから体験を多く積ませて心身ともにたくましく、しなやかな子どもを育てようとしています。そのために、教師自身も研修を重ね、まず誰よりも教師自身がその学校にふさわしい人間であるように心がけています。また、教師自身もその学校の出身者であることがほとんどで、愛校心も強いです。そんな先生からの言葉なので、よほどのこと以外は耳を傾け、先生と一緒にわが子の成長のために歩みをそろえていくという意識を持たれていくとよいと思います。

❸先生に感謝する

日頃から先生に感謝を述べることを忘れずにいられるといいですね。

「いつもありがとうございます」

「先生のご指導のおかげで、クラスのお子さんたちと仲よく過ごせています」

「先生の励ましのおかげで、苦手な野菜も家で少しずつ食べてみるようになりました」

とは言え、話す時間をなかなかとれない場合もあるかもしれません。もしくは、思っていることはあるけれど、日々の送迎のときには違う話になってしまってうっかり忘れてしまうということもあるかもしれません。そんなときには**連絡帳を活用しましょう。**最後に「**お礼を伝えたいだけでしたので、お返事は不要です**」と書き添えると、お返事の手間をとらせずに済んで、スマート。

連絡ノートの書き方については、わたしも勤務先の学校の保護者の方の丁寧な書き方から多くを教わりました。これは現在通われている幼稚園、保育園、幼児教室だけでなく、今後の小学校生活においても、おおいに役立ちます。何か担任に言いたいことがあったときだけ連絡帳に書くのではなく、日頃の感謝を述べるときにも頻繁に使っていると、教師というものは、保護者の方のお気持ちに励まされて、もっとお子さんのために力を注ごうと思うのです。

何より、ふだんのコミュニケーションがしっかりとれていることで、本当に教師の力を借りたい（友達とのけんか、ケガなど）ときに、教師は思わぬ速さで気持ちよく動いてくれたりするのです。忙しいママほど、忙しいからこそ、何かあったときに先生に迅速に丁寧に対応してもらえることが肝心。そのためにも、日々の先生とのコミュニケーションを密にし、感謝の気持ちを伝えるようになさってはいかがでしょうか。

column 3

気をつけたいマナー

私立小学校に通われる保護者の方も、お子さんと同様に、マナーの有無を問われます。気持ちのよいマナーで人と接し、行動できることが一番ですね。

中でも、服装、言葉づかい、ふるまいなど、親御さんとしても求められることがいくつもあります。ぜひいまのうちに意識してみてくださいね。

服装は、華美でないもの。お子さんが制服で学校に来ていますので、親御さんも学校に来られる際には、あまり目立たない服装で学校に来られることをおすすめします。多い服装は、紺のワンピースやスーツ。逆に言うと、デニムなどのカジュアルなアイテムの服や、肌の露出が多いものは避けましょう。でも、これは学校によっても違いがあります。女子校や宗教色が強いような学校は、とにかく紺の洋服がベストです。

ネイルなどをされるママたちもいらっしゃいますし、お仕事の関係でメイクがいつも派手目の方や、髪の毛の色が明るめの方もいらっしゃるかもしれません。しかし、学校に来られる際にはいつもよりぐっと控えめにされることをおすすめします。実際、学校の子どもたちも、派手な服装の方や濃いメイクの方、さらには香水が強めの方などには大きく反応します。子どもたちの学習意欲がそがれたりする可能性もありますので、「子どもファースト」の目線でお考えいただけるとよいと思います。

同じように、「ヤバイ」とか「マジで」とか、こんな言葉づかいも控えていただきたいですね。教師が学校でそんな言葉づかいをしないように子どもたちを指導しているのに、ママたちがそういう言葉を使っていては示しがつかないというわけです。

ふるまいも、懇談会などで子どもの机と椅子に座る際に、ご自分の荷物は机の幅の内側に置くようにして、通路をさまたげないとか、足を組まないとか、ひじをついて話を

学校に行く時の服装例

聞かないなどがあります。こういう方はほとんどいないのですが、まれにいらっしゃるとクラス全体の雰囲気によくない影響を与えてしまいます。

あとは、仲のよいママと廊下でしゃべるのはよいのですが、声の大きさや話題に気を配ってほしいなどもあります。また、懇談会や学習公開のあと、お子さん連れで学校付近のレストランなどに行かれることもあろうかと思います。基本的には保護者同伴なので学校側はとやかく言う権利はないのですが、ママたちが子どもをほったらかしておしゃべりに夢中になってしまい、お店のお客さんから学校に「お宅の学校の保護者が、子どもが店内を走り回っても、注意しないで放置している。どうにかならないものか」というような内容のクレームの電話が来ることもあります。ママたちもほっとしたいお気持ちはわかりますが、「お子さんを私学に通わせている」という自覚を持って過ごしてほしいなと思います。

第4章

生活の中での望ましい行動

01 起床編
～「目覚まし時計」で起きられる子に育てるために

本章では、小学校入学後の様子も含めて、成長のために生活の中での望ましい行動についてご説明します。

まずは起床です。未就学児のときには、おうちの方に起こされていることもあるかと思います。

でも、それを小学校中学年以降（3年生以上）も続けていると、依存心が強くなったり、自己管理につながる練習の時間がとれなくなったりしてしまいます。そうなると、「起こしてくれなかったから～になった」とおうちの方のせいにすることも出てくるかもしれません。

自分で生活リズムを作る練習をしていくためにも、1年生になったら、目覚まし時計を使って、自分で起きる練習をぜひしていただきたいのです。もちろん、いまから少しずつその練習ができたら最高です！

さて、それでは、自分1人で「目覚まし時計」で起きる子に育てるためにおすすめの方法です。次の3段階でステップアップしていきましょう！

❶お気に入りの目覚まし時計を本人に選ばせる

目覚まし時計を選ぶところから、自分で起きるための準備は始まっています。お子さんが1人で起きるようになるための、目覚まし時計です。どうぞお子さんの好きなキャラクターや、気に入ったもので、「ご機嫌」に起きられるような時計を選ばせてあげてください。

このとき、デジタル時計より、できればアナログ時計をおすすめします。時計の見方、読み方も「ついでに」習得できますよ♪

❷相談しながら起きる時間を決める

お子さんと話をしながら起きる時刻を決めましょう。最初はおうちの方が、早すぎず、遅すぎない時刻を教えてあげるとよいと思います。この繰り返しで、お子さんは時計や時間というものに興味を持つと思います。さらには、「自分がどれくらい時間をかけて朝の支度をしているか」ということも少しずつわかってきます。

そして、目覚まし時計の使い方も少しずつ伝えるとよいでしょう（針を合わせる、セットのスイッチを押す、など）。

近いうちに、「ぼく（わたし）、もうセットできるよ！」そんなことを言いながら、嬉々として目覚まし時計を活用していくと思います。

❸目覚ましが鳴ったら自分で止めさせる

目覚ましが鳴ったあとは自分で止める。その後布団やベッドから1人で出る。こちらを何回も練習していきます。

このように「自分で」止めること。「自分で」布団やベッドから出ること。ここが難しいかもしれませんが、少しずつでいいので、できるようにしていきたいですよね。それができたときには、思い切りほめてあげましょう！　だって、お子さんはまだ未就学児。もちろん、小学生になってからでもかまいません！

でも、こうして小さなうちから練習を重ねていくことで、体内時計がちゃんと育ち、「時計がなくても」だいたい決まった時刻に起きられるようになっていきます。中には朝が苦手な子も中にはいるかもしれませんが（わたしの息子もやや苦手です）、今後、中学や高校、大学。ひいては就職する際に、朝自分でしっかりと起きられることは、人生の大事な場面で、大きく役立ちます。長い目で見て、焦らずに「自分で起きられる子」に育てていきませんか。

NGな起こし方：パパ、ママが毎回お子さんを起こしている。朝からお子さんに文句を言いながら起こす。

例・「前の日遅くまで起きているから、こうやって朝早く起きられないのよ」「だからママの言ったとおりじゃない。早く寝なさいって言ったでしょ！」

望ましい起こし方：子どもが自分で起きられたときに大いにほめる。笑顔で声をかけるように心がける。朝から親御さん自身が機嫌よく過ごすことが大事ですね。

【ポイント】小学校では、公立、国立、私立関係なく、「自分から進んで行動する子ども」を育てていくことを目指しています。もちろん、親御さんも同じですよね。だとしたら、自分から動きたくなるような環境をたくさん用意できることが望ましいですね。たとえ起床1つとっても、親御さんが毎日起こすことは、本人が自立することから遠ざけてしまっていることになります。お子さんの成長の芽を摘むことにならないように、いろいろなことをちょっとずつやってみませんか。もちろん、急にはできないのが当然です。未就学児から挑戦しても、小学生になってからでもいいのですが、2年生が終わるころまでには、1人で時計を止めて起き上がれることを目標にしていけるといいですね。親御さんも気を長く持って、お子さんの「できたところ」に目を向けてあげてください。

目覚まし時計は、小学校の6年間で途中で取り換えていくのもよいでしょう。お子さんが1人で生活リズムを作っていくことは素晴らしいことなのです！
そもそも、お子さんも慣れてくると、気持ちが「だれて」しまうこともあります。そんなときは、6年間同じじゃなくてもよいかもしれませんね。目覚まし時計が変わると気分も変わります。「よく起きたね！」なんて声をかけてくれる時計もあります。ご家庭の方針にもよりますが、お子さん本人が朝「自分」で起きるためには、必要な出費なのかもしれません。

【事前の声かけ】「朝は、○○くん（お子さんの名前）が◎◎（選んだ目覚まし時計のキャラクターの名前など）と一緒に、起きてくるのをママ、待っているね！」

【声かけ】「やったね！　朝の任務大成功！」「1人でふとん（ベッド）から出られたなんて、心が強い！　勇気がある！」「朝、自分でガバッと起きるなんて、正真正銘のヒーローだ！　かっこいい！！」「あら。うちのプリンセス。1人で起きてこられたなんて、素敵。最高ね。」『やった！　今日も1人で起きられたなんて！ママが子どもの頃とは大違いよ」「もう起きたの？　いつも1人でしっかり起きられて、本当に感心だわ。」「早起きは三文の徳、と言うわ。○○くん（ちゃん）は朝から徳を積んでいることになるのね～」

起きられなくても子どもを追い詰めないことは、とても大事です。誰だって最初からうまくはいきません。いつもおうちの方に起こしてもらうことがこれまでの5年もしくは6年の習慣だったとするならば、それを急に「一人で起きる」となるのですから抵抗があって当然です。しかも、朝が得意な子もいれば、苦手な子もいます。大事なのは、向き合っているお子さんの姿勢をほめ、励ましていくこと。「小学2年生くらいまでに1人で目覚まし時計をセットして起きられていればいいわ」とおおらかに、視野を広く、気を長く持って、向き合われてみてください。このようにして「自分で起きる」ように育てていく場合と、まったくそれをせずに「親御さんが起こし続ける」場合とでは、小学校高学年や中学・高校をも見据えたときに、お子さん本人がとても大変になるのは、火を見るより明らかですね。

02 着替え編

～「天気予報」を見て着る服を決められる子に育てるために

小学校に入って、着る服を自分で決断できる力をお子さんに身につけさせるためにも、園児の頃から少しずつ練習していくことがおすすめです。実際におうちの方自身もお子さんの服選びから解放されることで、負担もぐっと減りますよ！

私立小学校は、その特色として、「宿泊行事」が多いということが挙げられます。学校にもよりますが、6年間で少なくとも20泊以上はします（コロナの関係で短くなっている場合あり）。集団生活の中で、自分の身支度を早く済ませるためにも、「前もって決めておく」ことが肝心です。また、自分で気温に合った洋服を選べることは、ゆくゆくは自分の体調管理にもつながります。これは、身につけさせたい力の一つ。「明日はどの下着にするの？」「カーディガンは着るのかな？」のように、少しずつ本人に決めさせる練習をするとよいでしょう。

❶着る服は前の日に準備する

私事で恐縮ですが、息子も年中の頃から自分で服を選ばせる機会を増やしていました。年長の頃には下着も袖なしにするか半袖にするか、靴下も短いタイプなのか足首上までの長さにするのかなど、本人に考えさせていました。これは日々の習慣なので、ほんのちょっとずつでも繰り返していけば、必ずできると思います。

いきなりは難しいので、おうちの方が「●●はあなたが決めて。☆☆はママが決めることにしようかな、それでどうかしら？」などのように、少しずつ本人に決める練習をさせる。こうして、やがては全部決めさせるように段階を踏んで進めていくとよいでしょう。

❷当日の朝に、もう1度適切かどうか確認する

最初はめんどうがって「ママ、決めて」のように言ってくることもあると思いますが、「一緒に外の様子を見に行こう」と玄関から外に出てみたり、なんならベランダに出てみたりして、最初のうちは相談に乗ってもよいでしょう。このたくさんの経験があることで、自分で着る服を天候に合わせて判断できる子に育っていくと思います。

❸着替えに時間がかかる子の場合

（ポジティブに声がけしながらスモールステップで着替えさせる）

未就学児のお子さんは、着替えに時間がかかることも多いでしょう。あまりにも時間がないときには着替えを手伝うときもあるかもしれませんが、なるべく本人の力で着替えができるのがいいですね。「あ、右足の靴下はけたのね」「ズボンは自分ではけたのね」そんなふうに、「できているところ」をなんとかひねり出して見つけ、それ

をお子さんに伝えるようにしてみてください。叱られるより、こうやってできているところを伝えてあげることで、お子さんは着替えを思い出し、また着替えを続けるようになります。何事も一歩一歩です。応援しています。

NGな着替えのさせ方：親御さんが毎日用意してあげて、「これを着なさい」と指示をする。お子さんは、言われるがまま。何も考えなくてよい状態にしている。「早くこれを着なさい」といちいち命令・指示をする。

例・「上着は着ていきなさい」「今日は暑くなるからこっちの下着にしなさい」「今日は長い靴下をはいていきなさい」「先にこちらを着なさい」

望ましい着替えのさせ方：前の晩は、翌日の天気予報を見る習慣をつける。予想気温を見て、明日は暑い（寒い）かどうかの予測を一緒にする。下着をどのタイプにするか考えておく。（袖なしタイプがいいか、半袖か、長袖か、など）冬の場合は、コートを着るか、マフラーや手袋を身につけるかどうかも決める。

当日は、実際の体感温度を考えた上で本人の意向を尊重する。

【ポイント】私立小学校（国立も）では、大部分の学校が制服です。となると、決める必要があるのは下着（シャツの袖の長さ、靴下の長さ、女子はオーバーパンツなど）と、衣替えの前後の合服（あいふく）期間にどの制服を着るか、というくらいです（合服とは、いわゆる中間服。合服期間は春や秋に、夏服、冬服それぞれ完全に切り替わるまで、各自が気温や体調に合わせて制服をどちらの着方にするか選べる期間を指します）。

この期間は、夏服、冬服が入り混じっている状態。その日の天候や体調により制服の種類を選べる合服期間は、お子さん自身に決めさせる絶好のチャンス。上着なしで登下校するのか、夏服にするのか冬服にするのか、どの下着で体温調節するのか、靴下は長いものにするか短いものにするか、着心地なども加味しながら決めていくとよいでしょう。

【事前の声かけ】「あら。今日も天気予報を見ているわね。明日は暑いと言っていた？」「もう決めたのね。あしたは長袖のシャツにするのね。ふむふむ。ママも○○くんをまねして長袖の下着にしようかしら」

【声かけ】「朝起きてみたら結構寒いね。今日はコート着ていくのね。自分で考えられたわね」「いまは、くもっているね。天気予報では、朝は少し寒いけど、このあとあったかくなるって言っていたね。それでその格好にしたんだね」

天気予報を見ることは、実は日本地図を毎回見ていることになります。都道府県名や県庁所在地名を、毎日無意識に見聞きできる環境にいます。さらに、日本海、太平洋。中国、ロシア、韓国などのように、近隣の国についてもついでに知るチャンスです。日本地図については、小学4年生で習います。天気予報をよく見ている子は、それだけで事前の知識があるので、都道府県名などが、すんなり頭に入っていったりします。世界のことについても少しずつ知識が持てるのが天気予報。そう考えると、服装を決めるためだけでなくても、「一緒に見る機会を増やしたいな」と思ったりしませんか？

03 食事編

小学校受験において、食事について重視する学校は、とても多いです。そのため、受験内容として、箸を使った試験内容がある学校もいくつもあります。ご想像のとおり、食事にはそのご家庭のしつけや日々の接し方が如実に現れてしまうからです。「お里が知れる」そんな言葉があるとおり、食事にはお子さんの品性をはじめとして、ご家庭のご様子がはっきり浮かび上がってしまうのです。

「食事マナーに気をつけて食事ができる」ということには、「一緒にいる相手を不快にさせない」という大きな目的もありますよね、大人の社会でも「取引相手を食事に誘い、食事の仕方から今後取引をしていくか決めている」ということもあるほどですから、小さいうちにぜひ身につけさせておきたい力です。

お子さんがその学校の卒業生となってから「●●小学校卒業の人たちは食事のマナーがすばらしくいいね」などと、評価してもらうことができたら、学校としてこれ

以上嬉しいことはありません。このようにして、全方位でお子さんの力を伸ばそうとするのが私立学校です。

もちろん、入学後も、食事指導は重視されていることが多いです。給食指導として、「食べ方」「マナー」の指導にとどまらず、「食べる時間を豊かに過ごすために」話題にも気を配るようにします。さらに、年長者が年下の人に気を配る経験を積ませるために、異学年で交流しつつ食事をする時間を設けている学校もあります。ほかにも、食事を配膳する際には、相手の適量を考えてよそう…など、多くのことに気を配りながら食事時間を過ごせるお子さんに育てていこうとしているわけです。

ところで、どんなことをご家庭で身につけておくとよいのでしょうか。それは大きく、次の3つになります。

❶食べるときのマナーの基礎を知っておく

「食事のマナー」というと、無数にあります。本書は食事のマナー本ではないので、詳しく伝えることはいたしませんが、学校の先生がお子さんたちに声をかけるポイントにしぼってお伝えします。

なお、入学する小学校がお弁当の場合も見ておいてください。逆に言うと、お弁当の場合、偏食のお子さんがなかなか改善できない場合や、給食の場合と違って学校の先生がお子さんのマナーについて指摘しづらい状況もあるかもしれません。参考にしていただけると嬉しいです。

ポイントは次の5つです。**①姿勢よく食べる、②お箸のNGマナー、③そえる手の有無、④口に物を入れたまま話さない、⑤バランスよく順に食べる。**

正しい姿勢

まず、姿勢よく食べること。

これは単に食べこぼしが減るとか、お子さん自身の健康のためだけでなく、「周囲の人が見て不快に感じることを避けるため」ということがあります。背中がぴんと伸びて食べている姿はとてもすがすがしく、感じがよいですよね。内臓にも負担がかからず、おいしくいただいたものをしっかり消化できると思います。

小柄なお子さんは、わざとではなくてもひじがついてしまうことがあるので、テーブルと椅子の距離が近すぎないように、だいたいテーブルと椅子との距離がこぶし1つ分くらい開けて食べられるとよいですね。

次に、お箸です。お子さんが幼児のいまの段階でできることは、何と言っても「お箸を正しく使えるようにすること」です（89ページ参照）。お子さんが楽だからと言って、スプーンやフォークで食べることばかりさせるのではなく、お箸を使う回数を意識して増やしていただきたいです。公立小学校でも、もちろんお箸を使えることは必須です。給食で、お箸を使います。小学校であまりにもお箸が使えないと、お子さんご自身が困る場面が出てきます。たとえば、お箸を使う練習が足りていないために、単純に食事に時間がかかり、次の授業への支度が遅れることが挙げられます。また、自分でも「お箸の持ち方がおかしいな」と気づいて直そうとするけれどなかなか直らないとなると「何でもっと早くお箸を使わせてくれなかったの」などと言ってくることもあるかもしれません。

学校の教師がお箸について注意するのは何と言っても「持ち方が違う」がトップで

す。遊んでしまい、楽器のように音を立てるような子はあまりおりませんし、女子校ならお箸の持ち方についてはさらに丁寧な給食指導がある場合が多いのですが、あまりにもおかしな使い方をしていない限り、そんなに厳しく考える必要はないはずです。
まずは正しく持てるように。えんぴつの持ち方の修正器具がありますが、同様にお箸についても家庭で練習しておくとよいと思います。

忙しいママは「楽」「よけいな時間をかけずに済む」「食事時間にガミガミ注意したくない」という意味でついお箸を使わせることを後回しにしてしまうこともあるかもしれません。しかし、入学後のお子さんが気持ちよく、スムーズな学校生活を送るため、そして、お子さんの人生にとっても、大きなプラスになりますので、ぜひお箸を使う機会を意識して多く取るようにしてみてくださいね。このとき、02・❸の「着替えに時間がかかる子の場合（ポジティブに声がけしながらスモールステップで着替えさせる）」（112ページ〜）のときと同様に、「叱るより、できているところをほめる」という観点で伝えるようになさってください。

3つ目に、器に適切に手を添えられるかです。持ち上げてよい食器（ごはん茶碗、味噌汁などが入ったお椀）を持つときには、きちんと親指が器の上にかかり、残りの4本の指で器を下から支えるようにして持つ。これが人差し指が上にかかってしまうと、指1本で器を持ち上げることになり、不安定になりますし、見た目にも美しくありません。そして、持ち上げない食器もあります。それは、平らなお皿（平皿・ひらざら）です。こちらは置いておくのがマナーです。しかし、持ち上げない代わりに、手を平皿に添えて食べられると、見た目にもスマートです。

4つ目は、口に物を入れたままお話しないこと。これはできている場合が多いと思います。ほかにも食べものを噛んでいる間は、口を閉じることも挙げられます。そうしないと、「クチャクチャ」と咀嚼の音が聞こえてしまいます。周囲に不快を与えないためにも、口を閉じて食事できているお子さんを見かけたら、その都度ほめてあげてくださいね。

最後は、バランスよく、順に食べること。これも教師がお子さんに声をかけるポイントです。同じものばかり食べる「ばっかり食べ」をやめること。「さんかく食べ」を心がけましょう。たとえば、お肉や魚などのおかずを一口食べて飲みこんだら、次にご飯やパンを一口。そして、汁物であるお味噌汁やスープを。このように順番に食べていきます。これも少しずつご家庭で実践されてみてくださいね。

ところで、こういった食事に関することは、何かできるようになると、何かをうっかり忘れてしまったりするものです。「2年生の終わりくらいまでにはすべて一通りできたらいいな」というつもりで、意識をさせるようにするとよいです。急には身につかず、日々の習慣で身につくものですから、毎日根気強く向き合うことが必要です。

❷時間内に食べ終える習慣を身につける

学校の給食の時間は、だいたい20分を目安に食べ終わるように考えられています（学校により多少の差はある）。食べ終わる時刻を本人に意識させることが不可欠です。「時計の長い針が7になったらごちそうさまだよ。いま3だね。5のところにきたら、いま食べている量の半分を食べ終わっているといいね（これくらいは食べるということだよ、と量を示す）」「どれから食べる？（本人に決めさせる）」

まだ幼児のお子さんにとって、集中力が途切れてしまうことや、噛む力がまだ育ち切っていないこと、食べにくい食材があること、お箸などを使って口へ運ぶ際にこぼさず口に食べ物を運ぶ難しさ…すべてがまだ未成熟なので、いきなり時間内に食べるということは難しいものです。もちろん、小食の子、大食の子、そんな違いもありますね。「今日は、ときどき時計を見ながら食べてみようか」そんなふうに**時計を意識するる**というところから始まります。焦らず、本人の性質や力に合わせて食べさせる練習をしてみてくださいね。

❸好き嫌いがある場合は？

（食材を小さくする／「とりあえずひとつだけ」作戦／親自身も嫌いなものを食べる）

食べものに好き嫌いがある。これは、どのお子さんにも大なり小なりあると思います。完全になくすのは難しいですが、食物アレルギーでない場合、さらに、給食でもよく出る食材の場合、ほんの少しずつでも食べる練習をするとよいでしょう。

また、ママがせっかく作ったお料理を食べてもらえないというのは、とてもがっかりですし、中には「こんなに一生懸命作ったのに！」と、腹が立ってくることもあるでしょう。そんなときには、爪の先程にわざと小さくして「これくらいなら食べられる？」と聞いてみると、「それくらいなら」と食べてくれるときもあります。こうして回数を重ねていくといいですね。

伝え方も、「お姫様の１口（ご飯粒一粒程度の大きさ）」から「王子様の１口（お姫様３つ分）」、「女王様の１口（お姫様５つ分）」、「王様の１口（お姫様10個分）」など、言い方を工夫してもいいですね。動物でもＯＫです。（例：アリさん、クマさん、ゾウさんなど）

ママも楽しみながらお子さんと過ごしてみてください。

わたしは、息子の嫌いなものを味噌汁に入れ、「その『エキス』（味噌汁に溶け込んだ水分）を摂取するだけでもＯＫ」ととらえて、「お味噌汁を飲めたらいいよ！」と言ったりしています。

ちなみに、お子さんは、お外（園や学校）では、だいたいおうちのときより頑張るものです。「食べようと挑戦している姿が見られているだけでもいいわ」と受け止めてください。**小学３年生くらいまでに、もし給食で出た場合に、「給食で出る分量くらいは食べられる」となっていれば、まったく問題はないです。**

あとは、「嫌いなものを先に食べるか、真ん中で食べるか」問題もありますね。小学生になるまでに、本人と話し合いながらお互いの妥協点を探っていけるといいですね。

ともかく、食べることは本来「楽しい」はずなので、それが「苦痛」の場にならないように。そこだけ気をつけたらよいと思います。実際、重度の偏食の子でも6年生までには必ずそれなりに食べられるようになりますから。長い目で見て、ママがプレッシャーに感じないように、担任の先生とも連携を取りながら進めていきましょう。

❹食後の歯磨きは朝も欠かさずに！

寝る前の歯磨きはしていると思いますが、朝についてはどうでしょうか。朝もしているお子さんは続けてください。歯磨きしていない場合は、したほうがいいですね。特に、口の周りに食べものがついている状態で学校に登校するのは避けたいもの。だらしない印象になりますし、自己管理として自分の身なりに注意を払えていないことになります。ちなみに私立学校には鏡が多い学校がありますが、それは自分の身なりに気を配るだけでなく。自分の姿が周りの人にどんなふうに見えているのか、自分で注意を払い、律していってほしいからだったりします。

話は戻りますが、朝に洗面所で歯を磨けば、鏡で自分で見て確認できます。実は最近、歯ブラシを持参させて給食後に歯磨きする学校はほとんどありません。だからこそ、朝食後の歯磨きは、大切にしたいものですね。

食事関係は、給食でも（お弁当でも）毎日の積み重ねの話になりますので、長くなりました。最後に本文では割愛したNGな対応も含めてかんたんにまとめておきますね。

NGな食事対応：マナーとして周囲の人が見て不快に思うことをしていても、放置。注意したとしてもNGな理由を伝えない。偏食への対応として、お子さんが焦り、自信をなくすような対応をしてしまう。

望ましい食事対応：一度にすべてのことをできなくて当然、とゆとりを持って子どもに対応する。以前と比べて「身についていること」（お箸の持ち方、姿勢、一口の分量など）に対し、どんな小さなことでも「気づいてあげよう」とする意識を持つ。特に偏食対応は、小さすぎるほどのサイズにしてみたり、溶けている「エキス」

にしてみたりして、それが摂取できればまずはOK！　というスモールステップで。本人の変化に気づいたら、それを大いにほめる。本人の自信につなげ、しっかりとした習慣化を目指す。

【ポイント】お子さんは、お外（園や学校）では、がぜん頑張っている。必ず食べようと「挑戦」している姿があると思います。長い目で見て「3年生くらいまでに、給食で出される量を完食できればいい」ととらえておきましょう。むしろ、食事についてあまりに細かく注意することで「食べることが嫌」なお子さんに育ってしまわないように注意していきましょう。食事は、本来コミュニケーションの場にもなりますし、楽しい場であるはずです。ママがお子さんにあまりにも大きな期待をかけることを避け、「こんな小さなサイズなら食べられる？」と本人に尋ねながら「少しでもわが子は食べている」という意識を持って対応できるとよいでしょう。

【事前の声かけ】「○○くん（ちゃん）の苦手な玉ねぎが今日はあるんだけど、このくらいなら食べられる？」と小指のつめの先ほどの、ちいさなちいさな玉ねぎを見せる。

【声かけ】「背筋がぴん！　と伸びていて、かっこいいなあ」「さすがプリンセスのようね。食べ方が上品よ」「お箸で小さなお豆をしっかりつかんで口に運べたね」「今日は時計の長い針が7のところに来たら食べ終われていたらいいね」「苦手な玉ねぎなのに、一口食べてみたんだね。チャレンジした○○くんがかっこいい！」

04 トイレ編

トイレ習慣は、幼児のうちにつけられると安心です。受験して小学校に行く場合、「学校が家の近所」というご家庭はわずか。30分～1時間はかかります。とすると、電車やバスでその時間移動することになるので、学校につく前に行きたくなって駅の

トイレに駆け込むことになったり、授業中に行きたくなったりする羽目になってしまいます。

実は、このトイレ習慣がうまくつかないことで、「電車やバスで急にトイレにいきたくなってしまったらどうしよう…」と不安になり、お腹が痛くなってしまったり、さらにそれが進行して学校に行く日は反射的に腹痛が起き、やがて不登校気味になってしまったりすることもあると聞きます。そうなると、ママも心配で「仕事の予定が立たない」なんてことになっては大変です。

特に男の子の場合、個室に入るとからかわれてしまうときもあり、個室に入りたがらない場合が多いです。排便は生理現象ですから、自分ではコントロールできませんし、それを避けるためにずっと我慢しているのは身体によくありません。からかわれるのが嫌で、「授業中ならトイレに誰もいないから」という理由で、授業中にトイレに頻回に行く男の子もおりました。もちろん、からかうような子どもがいるクラスの状況を、先生と相談し、改善をお願いする必要もあります。しかし、まずご家庭でできることは何か？　を考え、お子さんの不安をなるべく取り除いてあげられるといいですよね。やはり、「朝、登校前に家で排便まで済ませておく」という、ゆとりを持った朝のスケジュールが肝心です。

そして男の子に多かったりしますが、頻尿の問題もあります（おしっこに何度も行く。緊張が原因と思われるが、さっき行ったと思ったのにまた行くなどと頻繁に尿意を感じてトイレに行くこと）。この点については、「家では大丈夫なのに」ということがほとんど。本人が安心すればなくなりますし、だいたい3年生くらいまでには解消できています。それまで焦らずに、担任の先生と連絡をとり、「頻回にトイレに行くことを承知してほしい」旨を伝えて相談しておくとよいでしょう。そうすると、学校行事で学校から出てバスなどに乗って遠足に行く、いわゆる移動教室や、宿泊を伴う学校行事でも、担任の先生が一緒に考えてくれます。

お仕事をされているママであればなおさら、入学前の数か月でお子さんの朝のスケジュールを試行錯誤して一番よいパターンを探っておくとよいかもしれません。

朝食の量や時間を考えたり、排便までの時間を逆算して早く起きたり、とお子さんの身体のリズムに合わせた時間の流れを、お子さんと一緒に考えていけるとよいですね。

NGなトイレ対応：本人の身体のリズムを無視した朝のタイムスケジュールで過ご

す。我慢させる。

望ましいトイレ対応：本人が食事をしてから排便までの時間を考えてみたり、外出時に頻回にトイレに行くことがないか考えてみたりする、または現在通っている園の先生に聞いてみる。このようにして、本人の身体の傾向をつかむ。そしてリズムが見えてきたら、それを逆算してタイムスケジュールを立てていくとよい。あまりママが真剣になりすぎると、それを察知してお子さんがさらに状況が悪化することもあるので、心にも時間にもゆとりを持って対応することが肝心。

【ポイント】本人の身体のリズムを知るために、2～3ヶ月単位でゆとりを持ってトイレの傾向に留意して、逆算して行動することを取り入れてみてください。

【事前の声かけ】「おうちを出る前にうんちが出ていると安心だね。」「トイレに行きたいなと思ったらすぐ教えてね」

【声かけ】「出かける前にトイレに行けたんだね」

「うんちが終わってから出かけると、気持ちもすっきりするね」

05 靴の出し入れ、履き方編

靴の履き方、脱ぎ方も、できれば感じよく、スマートに履けるといいですね。私立学校では、1年生で最初にこのようにして靴の脱ぎ履きについて指導する学校もあります。

❶靴を出すときは床にそっと置く（高い位置から落とさない）

靴箱から靴を出すときは上から落とさず、地面にそっと置く

NGな靴の出し方：目の高さくらいから靴を落とす。

望ましい靴の出し方：膝を折って靴をそっと置く。

【ポイント】上から靴を落とすと、靴が転がったり、激しい音が立ったり、ホコリが舞い上がったりして品のよさに欠けます。しゃがんでそっと置くことによって品が生まれ、靴も傷まない上、スピーディに履けます。物を大切に扱う心も養われます。

【家庭での声がけ】「靴さんをこの印のところに置いてあげようね！」と、靴の絵を描いたイラストをパウチして床に置き、いつもきまって本人にそのパウチの上に置くようにさせる。

❷「お尻をついて履く」から「立って履く」へ

NGな靴の履き方：床にペタンと座って履く。
望ましい靴の履き方：立ったままスマートに履く。

【ポイント】床に座って靴を履くと、時間がかかるほか、家庭でも学校でも後ろの人が待たされます（後ろの人がイライラする）。学校では集団で移動することも多いので、座って靴を履く子がいると混雑の原因になったり、他の子が気づかず押されたりして危険。「立って履く」とはいっても、歩きながら履くのではなく、他の人より少し離れたところで、落ち着いて靴を履くイメージです。

【家庭での声がけ】「お兄さん（お姉さん）になったら、お尻をつかないでサッと履けるとかっこいいんだよ！　ちょっとだけ練習してみようか？」「いいね！　こんなにサッと履けてスーパーキッズだ！」

06 友達編

❶友達のよいところをほめる

どんな年齢の人でも、人の悪口ばかり言う人よりは、人のよいところに目を向け、素直にそれを伝えられる人の方が好ましく映ると思いませんか。**お子さんが人のよいところに目を配れるようにするためには、ママがお子さんの良いところを日々伝えていけることがいちばんの手本となります。**

ですから、お子さんが幼稚園や保育園、公園などで初めて会った子のことも「あの子は順番を守っているね」「いつも食べ終わるのが早いんだよ」「もう自分の名前を漢字で書けているんだよ」などと友達をほめているのを聞いたら、ぜひそこに気づいて、人のよいところに気づけたことをほめてあげてください。ほめることは循環します。人を気分よくほめられる子は、自分も同じようにほめられる子になるのですよね。

❷けんかをしても「ごめんね」を言う

けんかもコミュニケーション。もちろん暴力を振るうことはいけません。同じおもちゃで遊びたいけれど、おもちゃが一つしかなくて取り合いになる、意見の違う子と言い合いになる、友達が一緒に遊んでくれなかったから憎まれ口を言う…。

こんなことは日常茶飯事かもしれません。そんな中で大事なことは、自分の行いを振り返って謝ることができるか、ということです。

「ごめんね」を言えることは、また次に友達と仲よく遊べるために必要です。子どもっていつまでも根に持って「ぜったい許さない！」ということはなかなかないものです。一緒に仲よく遊べる友達がいることは、お子さんにとって財産です。素直に謝れるように導きたいものですね。

❸どうしても謝れないときには時間を置く（日を開ける）

ただ、中にはどうしてもその日に謝れないということもあるかもしれません。そんなときは、日を改めて謝ったっていいのです。時間を空けて、冷静になって「やっぱりあの子と仲よく遊びたいし、ぼく（わたし）もよくないところがあったから、謝ろう」と、自分から湧き上がってくる想いを大切にしたいですね。

ここで気をつけていただきたいのは、「心が伴わないごめんね」をママが無理やり言わせてしまうことです。「あなた、謝りなさい！」と謝罪を強制させないでほしいのです。お子さんが自分からすすんで「ごめんね」と言うことが大切です。相手のお子さんも「ごめんね」と口先だけ言われても、行動が一向に改善しなかったらそんな口先だけの「ごめん」は意味がないと思うわけです。お子さんの中には、自分の意思をなかなか曲げようとしない子、相手の過ちばかりを追求し、「自分は悪くない」と言い張る子もいると思います。でも、素直になることも練習が必要なのです。

私事で恐縮ですが、私自身子どもの頃はとても頑固で、謝るのが苦手でしたし、相手が悪いと思うと、自分のことは振り返れなくなる傾向がありました。わたしの場合、小学生になるころには少しずつ素直になってきましたが、本当の意味で素直になれたのはずいぶんあと。20代後半くらいかなと思います。

人の性質が変わるには長い時間がかかります。お子さんの性質はなかなか変わりませんし、親御さんができることにも限界もあります。でも、素直になると友達関係もうまくいきますし、先生との関係でも素直な方が力を伸ばしてもらえるということがあると思います。長い目で見て今のお子さんにとってできることを模索していってください。

❹怒っても泣いても手を出さない

手を出したらそれはやはり圧倒的に手を出した側に落ち度があります。大人だったら手を出したら犯罪です。「どんなに怒っても泣いても手は出さない」それは徹底して伝えていきましょう。口で言われたら口で返す。言われたことで心が傷ついて、どんなに悲しくても。悔しくて頭に来たとしても、「子どもだから手を出してもよい」ということにはならないのです。

この後の小学校生活においても同じです。**傷ついたら「そんなこと言われて悲しい」、頭に来たら「それはイヤだからやめて」と言う。**そのように伝える「練習」を重ねていくことが肝心です。当の本人に言えなければ、園の先生に言うとか、おうちの方に言うとか、とにかく「がまんしないで教えてね」と伝えておくとよいと思います。

NGな友達との接し方：感情のおもむくままに自分勝手に行動し、相手を叩くなど手を出してしまう。「謝りたくない」と思うと、絶対に謝らない。友達のよいところは気にも留めないし、自分の行いについても反省しない。

望ましい友達との接し方：友達のよいところに気がつき本人にも伝える（もしくは親御さんに友達のよいところを伝えられる）。「よくなかったな」と思うことは「ごめんね」と言える。手は出さず、嫌だと思うことがあったら本人に口で伝えるか、先生や親御さんにその話を伝えられる。

【ポイント】お子さんが素直に友達とかかわれるようにサポートしましょう。人をほめている行動を見かけたら大いにほめて、お子さんが多少頑固な場合も、その子の過去の様子と比べて現在できている点を伝えましょう。

【家庭での声がけ】「友達をほめることがもっと増えたね！」「怒っても友達を叩くことがなくなったね。お兄さん（お姉さん）になったね」「友達と仲よくできる日も増えてきたね」「友達のよいところを見つけるのが上手だね」

column 4

受験時の服装・持ち物

事前に着慣れておこう！

服装：

白の半袖ポロシャツ＋紺かグレーの半ズボン（女子はキュロットスカートやワンピース）＋ベスト（ワンピースの場合はボレロ）＋白いソックスです。選ぶときのポイントは、「爽やか」「清潔感のある」「動きやすい」など。一般的にお受験用の洋服を用意されるとよいですが、肝心なのは、その服を受験以前に何度も着ておくこと。着慣れないものだと、お子さんが当日気になって力を発揮できません。また、サイズ感の確認などもできますし、ティッシュやハンカチをその服から出し入れする練習にもなります。ぜひ何度も着る機会を持たせてください。

持ち物：

①受験票

②子どもの上靴（お子さんの足のサイズに合って、履きなれたもの。この上靴で当日運動する）

③親のスリッパ（紺か黒の無地）

④外靴入れの袋（ビニール袋×人数分）

⑤ハンカチ、ティッシュ（子どものポケットに入れる用、親用）

⑥親の貴重品（携帯電話、財布）

⑦その他、学校から指定されたもの

あったほうがよいもの：

①筆記用具、本（待ち時間に使う）

②願書のコピー（面接前に確認）

③面接対応のメモ（親御さんが落ち着く）

④着替えの服一式（下着、靴下も）（万が一お子さんがおもらしなどをしたとき用）
⑤温度調整できる上着（当日の気温や空調の様子がわからないため）
⑥安全ピン（ゼッケンをとめる。もしスカートなどがほつれたときにも使える）
⑦ブラシ、ヘアゴム、ピン（女の子）
⑧飲み物、おやつ（お昼をまたぐときにはおにぎりが多い。おやつは、行きの電車などでお子さんにグミやラムネなどの好きなものをあげると緊張がほぐれたりします。ご家庭の判断に委ねますが、お子さんに合わせて考えてみてください）
⑨ウェットティッシュ、ゴミ袋
⑩子どもの絵本や折り紙（待ち時間に使う。読み慣れたものが落ち着いてよい）
⑪雨具、カイロ
⑫お守り、絆創膏

結構な大荷物です。右記のものを入れる黒か紺の大きめのサブバッグに入れてこられるご家庭が多いです。

第5章

受験（面接）準備での家族・夫への対応

小学校受験は、子どもの意思というよりは、親御さんの意思で受験を決めているケースが9割以上です。

となると、受験について、親御さんの裁量でいろいろと決まってしまっていることも多いかもしれません。決めていく際にやりがちな失敗や留意すべきことについて、元私立小学校の教師として、長年保護者面接に関わった経験もふまえてお伝えしたいと思います。

ここでもう一度確認しておいてください。

01 夫婦で受験についての想いを確認し合おう

小学校受験においては、親御さんの力が9割、と思っていただきたいです。ご夫婦の想いを確認し、「この子にとって必要なのか」「受験して入学する学校との相性はどうなのか」「通学する時間と体力の兼ね合いは大丈夫か」「学校の教育方針と家庭方針

が合致しているか」などについて、ご主人様ととことん話してみられてください。学校に実際に通うのはお子さんですし、入学した学校からは親御さんにいろいろと協力を求められることも出てきます。気持ちよく協力できるようにするためにも、ご夫婦のどちらかに大きく負担がかかることは避けた方がよいと思います。

ここで実際に小学校受験を経験された方のお話を紹介します。

CASE

「志望理由、教育方針、子どもにどんな大人になって欲しいか、家族で一番楽しいことは？」などの定番の質問は、お互いの意見を出し合い、あまり乖離が出ないよう努力しました。

（⬇無理矢理合わせようとしても、不自然になり面接官の先生に見抜かれます）

しかし、不意打ちの質問で夫婦仲がよいかどうかがわかってしまうこともあります。普段から夫婦で会話を重ね、家族仲よく過ごすことが一番なのではないかと小学校受験を通して実感いたしました。

（⬇相手はプロですので、取り繕っても、雰囲気でどういう家庭であるかはわかってしまうようです）

（私立小学校受験女の子　匿名ご希望様）

小学生、特に低学年の間は親御さんの協力がないとお子さんの学校生活は成り立ちませんので、「親御さんが学校にどれだけ協力できそうか」「ご夫婦そろって同じ想いを持っていらっしゃるか」を面接ではかります。学校とご家庭との両輪でお子さんを育てていくのが小学校です。特に私立小学校は親御さんに協力をいただきながら、学校の方針に合わせてお子さんの力を引き上げていくわけです。ぜひご夫婦でたくさん話し合いを重ね、気持ちを合わせて準備をしていただければと思います。

02 親子で受験予定の学校のよいところを1つずつ言い合おう

受験に際しては、併願受験の方がほとんどだと思われます。でも、どの学校にもそれぞれのよさがあります。「どの学校もすばらしい学校」「どの学校でもご縁があったら喜んで通います」という想いをもって大切に向き合ってほしいのです。

ですから、複数校受験される場合は、いずれかの学園に最低でも6年間通うことを考えて、よいところを親子で言い合えるといいですね。

　例：親子で学校のよいところを1つずつ言い合う（「多く言ったほうが勝ちゲーム」をする）

こうすると、学校のことを知り、理解が深まり、愛着心もわいてくる結果につながっていくと思います。ぜひ楽しんで、HP（ホームページ）などを見て、実際に学校の写真や在校生の姿を動画で確認したりしながら楽しく言い合ってみてください。

ここでも、実際に小学校受験を経験された方のお話をご紹介します。

CASE

ご縁があった学校が、子どもひいては親にとって居心地がよく、成長できる場所なのだと思います。

わが家の娘は、最終的に入学した学校の試験場で

「行ってまいります」

と私に会釈をし、凛とした姿勢で教室へ向かっていきました。

その姿を見たとき、「結果はどうなろうと、ここまでの頑張りと忍耐をほめてあげよう」と心から思ったものです。

（私立小学校受験女の子　匿名ご希望様）

CASE

小学校受験は情報が少なく、ほとんどのみなさんが手探りで頑張っていらっしゃるのではないかと思います。

まだ幼い子にえんぴつを持たせ、机に向かわせることにも心苦しくなることもあると思います。

また、わが子に合う学校はどの学校なのか…通ってみなければわからないこともある世界ですし、わたしは、正解をずっとずっと探し続けなければならない旅に出てしまったかのように思っていました。

一時は、とんでもない世界に入り込んでしまった…と何度も立ち止まったり戻ろうとしたりしたこともありましたが、受験時によく「ご縁」という言葉が使われるとおり、必死になって探し続けていたら最終的にはわが子に合った学校に自然と導かれていました。

（私立小学校受験男の子　T様）

03 兄弟・姉妹がいる場合は親がバランスよく調整する

受験のときには、文字どおり家族全員の協力が不可欠となります。しかし、ほかにも小さなお子さんがいらっしゃる場合、「お兄ちゃん（お姉ちゃん）だけずっとママと一緒でずるい」と受け取られかねません。ですから、そこはきちんと理由を伝えてください。そして、ご主人様やほかに協力してくださる方（祖父母など）と一緒に楽しく過ごしてもらうように工夫することも必要です。

こうして「お兄ちゃん（お姉ちゃん）は、お勉強がんばってね」とほかの兄弟が自然と応援する形に持っていけるといいですね。

以下は、3人のお子さんがいらっしゃるご家庭の体験談です。

CASE

母の視線が受験する子に集中しないのが大事と考えていました。土日に幼児教室へ行く時間のとき、夫がほかのきょうだいと遊んでいてくれて、食事も作ってくれたりして、雰囲気がよい中で幼児教室に行ける環境を作ってくれました。とても助かりました。

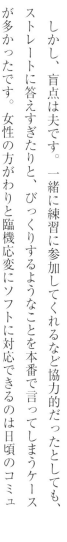

（国立小学校受験女の子　H様）

04 意外に盲点！ 夫の面接練習

面接練習は、幼児教室などでも徹底的にされるかと思います。

しかし、盲点は夫です。一緒に練習に参加してくれるなど協力的だったとしても、ストレートに答えすぎたりと、びっくりするようなことを本番で言ってしまうケースが多かったです。女性の方がわりと臨機応変にソフトに対応できるのは日頃のコミュニケーションの賜物かもしれません。ここで実際のお話です。

CASE

教育方針の擦り合わせは、夫とは何度となく確認していました。

小学校受験ではありませんが、夫が幼稚園受験でトリッキーな質問（「受験したのは当園だけですか？」など）に素直に回答してしまっていたので面接対策は重要だと思います。

わが家のみならず、意外とお父さまの方が真っ直ぐな回答なので当日不意の質問にはびっくりしたりします。

ただ、どの学校でも第1志望の心意気で臨むこと、また自分とは違う意見を相手（夫）が述べても、あえて訂正せずに、自然な流れで合わせる工夫、尊重する姿勢、一貫性をお互い意識していました。

（私立小学校受験女の子　T様）

わたしが保護者面接官だったときも、パパのほうが緊張してやや空回るケースが多かったです。普段の仕事では、ご自身が人から面接を受ける機会は少ないのかもしれません。例として「保護者面接で何を話しているかわからなくなるケースがあるみたい。あなたは仕事で慣れているかもしれないけれど、もしかしたらあなたは面接する側かもしれない。面接される側の練習もしておいたほうがいいと思う。わたしの練習もしてほしいから、一緒にやってみてくれない？」などと言って、仕事上のキャリアを尊重しつつ、練習を促してみてはいかがでしょう。意外に盲点なパパの面接練習。ママの方で、上手にお話しながら面接練習を重ねていかれてください。

05 親が突っ走りすぎて子どもを置き去りにしない

親御さんの方が夢中になりすぎて、お子さんの気持ちに意識が向かなくなってしまうこともあるかもしれません。ここでも先輩のママさんのお話をどうぞ。

CASE

受験をやめようか。これはほとんど毎日頭をよぎっていて、辞めるかこのまま続けるか、葛藤の日々でした。

やはり子供がなかなか問題や練習に取りかからないときや、幼児教室に行きたくないと言うときにそのように思いました。

また、問題にはとりかかったものの、内容が難しくて解けずに子供が泣き出したり、それにより自信を失っていく姿を見たりしたときは、何のために始めた受験なのだろう…と悩みました。

仲よしの保育園のお友達と違う学校になってしまうのは嫌だと言われたときにも、そのことではもう迷わないと誓っても何度も心を揺さぶられました。

親子共々苦しい場面もありましたが、手探りで進む中で経験してよかった・勉強してよかったことばかりで、結果的には子供の興味や関心を広げたり精神的な成長にもつながったりして、わたしたち親子にとってはよいことばかりでした。

（私立小学校受験男の子　T様）

CASE

長女のときはまったくありませんでしたが、次女は、姉と同じ学校には行きたいけれど「塾に行かない」と言い出すことが2月頃にありました（他の兄弟と一緒に遊んでいたいという気持ちがあり）。受験が負担なのかと心配しましたが、次女と2人きりで率直に話をしました。

「姉と同じ学校に行きたいなら、勉強はしないといけないんだよ。沢山の子供たちが行きたいと思っている学校で、そんなに簡単に行けない学校なんだよ。お姉ちゃんもすごく頑張ってはいることができたんだよ。あなたはどうしたい？」と聞いたところ、「私、頑張る！」と以来スイッチが入りました。

子ども扱いしすぎず、頑張るための理由を明確にしてあげることも必要だと思いました。（子供は何のために頑張らないといけないのかわからないと、目の前の楽しいことに気が行ってしまうことは当然だと思います）

以後、ときに塾を休むことはありましたが、次女自身の目標が明確なので、そのときはしっかり休ませました。

（国立小学校受験女の子　H様）

06 保護者面接試験でおさえておきたい5つのポイント

❶時間を守り、落ち着いて話そう
❷学校のどこがよいと思っているのか、具体的に話そう
❸わが子を公平に把握し、適切に伝えるようにつとめよう
❹品よく落ち着いてふるまおう
❺学校（＝受験校）に在籍する子どものよい点を具体的に話そう

❶時間を守り、落ち着いて話そう

まれに、話し好きな方がず〜っと話し続けようとすることもあり、面接官がやんわりとストップをかけるのですが、無我夢中になって話し続けているご様子がマイナスに働くこともあります。

たとえば、「入学後に」担任の話に耳を傾けようとするよりはご自分の話ばかりをなさる方なのではないか」「保護者同士で何かトラブルが起きたときにご自分の主張ばかり繰り返し、足並みを乱す方なのではないだろうか」…などと不安要素が先に立ちます。なるべくネガティブな印象は避けるためにも、一文を短くして、面接官の先生のリズムを乱さないように心がけられるとよいと思います。

CASE

伝統校やカトリック校では、まだまだ古風な家庭観の学校が多いです。面接では夫を立て、妻として1歩控えめにすることを心がけました。

とは申しましても、全て夫の言いなりというのはよろしくありませんので、夫がいないときでも自律してふるまえる妻、というのを意識しました。

たとえば、夫婦に対して投げかけられた質問に対し、夫が普通に答えるときはいいのですが、私の方が先に回答を思いつき、言った方がいいと考えたときは「私がお答えしてもよろしいでしょうか？」と、控えめに断ってから回答しました。

（私立小学校受験女の子　匿名ご希望様）

❷学校のどこがよいと思っているのか、具体的に話そう

「具体的」というのは、例えば、「学校の教育理念の〜〜〜の部分がまさにわたしの子ども時代の生活と重なります。なぜなら…」のように、学校の教育理念について、頭に入っていることや、学校の宿泊行事で訪れる場所を知っていること、創立者について、などが挙げられますが、ほかにも、学校の設備面、学校に来るまでの通学路で見える景色や学校に咲く花々など、相手がイメージしやすい形で例を挙げ、そこにご自分の考えを付け足して話されていることは好感を覚えます。

また、不意な質問にも具体的に答えられると「準備がしっかりできている」と受け取られますので、ぜひ受験する学校の情報収集と理解に努めてください。

❸わが子を公平に把握し、適切に伝えるようにつとめよう

わが子の良いことをとうとうと述べることはできますが、反対に「ここは課題だ」と思うことも上手に入れ込みながら話せると学校側は「お子さんのよい面、今後伸ばしたい面」のそれぞれについて、冷静かつ公正に見られる親御さんなのだなと受け取ります。話すときには、具体的な事象を入れ込みながら話せるといいですね（例：「坂

上がりの練習に向けての子どもの取り組みから感じること」、のように)。

❹品よく落ち着いてふるまおう

「品よく、落ち着いて」これは私立小学校の親御さんとして必須の雰囲気です。面接官がいる部屋に入るときから出るときまでのすべてのふるまいが見られているわけですので、落ち着かない様子があるとか、横柄な態度、華美な外見などは入学後の協力の姿勢に不安を感じるので、マイナスに働きます。

品よく落ち着いてふるまうためにも、ふだんからの行動や話し方に気をつけられて、当日はゆっくり笑顔で、お話しすることをおすすめします。

❺学校(=受験校)に在籍する子どものよい点を具体的に話そう

その学校の子どものことをほめられることは、学校側にとって最大の喜びです。何と言っても通う子どもたちの姿が、学校の「生きた看板」ですから、学校見学に足を運んだ際や、日頃の在校生の通学の様子を観察し、よいところを伝えられたら最高です。ぜひそんな目線で眺めてみてください。

column 5

学ぶ楽しみを持った親子でいる

小学校受験を「大変」「辛い」「めんどう」と思う方は、おそらく受験しないと思います。しかし、どうせなら「この受験という機会に、親子でどれだけ成長できるか。」というふうに受け止められることもできると思います。

こちらは先輩のママたちのご感想です。

CASE

体操教室への参加、幼児教室への参加、親子で面接対策、願書に向けた家族会議など。幼稚園以外の場所で、発表やお行儀を含めて学べた機会でもありました。

（私立小学校受験女の子　T様）

CASE

受験対策でもあるのですが、普段から、対話をしておくことが大切です。
お母さんが作ってくれる料理で何が好きか。子どもがパズルや工作で作った
ものに、感想を毎回言っているかなど。
また、ホウキの使い方、雑巾の絞り方、洋服のたたみ方、お弁当の詰め方、
なども遊びを通してチェックされるので、生活の中での体験を重視すること
が大切です。

（ご本人が私立小学校受験経験あり女性　幼児教室でのお仕事経験あり　Y様）

そして、共に育つ意識を持つことも大事かもしれないですね。
この方のお話をご紹介します。

CASE

小学校受験は、親が「どんな結果であってもあなたの価値は変わらない」
という大前提を軸に持ち、合否関係なく、受験という経験をその後につなげ

ていく覚悟があれば、マイナスなことは一つもなく、財産になると思います。

次女は不合格でしたが、受験しなければ姉と一緒に通うチャンスすら得られないことも理解していて、「私、挑戦できた！」「最後まで頑張れた！」そのようにプラスの経験ととらえることができています。気持ちを切り替えることができています。

また、塾通いも含めて、姉がどれほど頑張ってきたのか、次女は感じる時間だったと思います（だからこそ、頑張り切ることができたと思います）。

受験は、親のあり方、とらえ方、声掛け次第で、どんな体験も意味あるものにできると思います。

だからこそ、受験という経験が子供にとってどのようなことなのか、親は学ぶ必要があると思います。

わが家はよい先生と出会えたことが分岐点でした。塾の最後に毎回授業内容とともに親が大切にすべき視点を教えていただきました。だからこそ、常に謙虚でいたい、親のあり方を整えようと思えました。

家族がチームとなり「チーム団体戦」という意識で歩めたことが、家族の絆、夫婦間の協力、ほかの兄弟への思いやりの心も育めた気がします。

また、小学校に入る前の準備としても、話を聴くこと、意見を言うこと、ペーパー含め、受験はベースになっていると思います。（国立小学校受験女の子　H様）

この方のお話が非常に心に残りました。
「チーム団体戦」というお言葉。
そんなふうに、親御さんも共に挑戦し、学ぶ意識。すばらしいことですね。

付録

子どもへの甘口度がわかる
親の子育てタイプ別スイーツ診断

さて、ここまで家庭でできる私立小学校受験に向けての子育てについて書いてきました。

ただ、「他の子にはそのとおりやればいいかもしれないけど、うちの子に通用するかしら…」と思われるママも多いかと思います。自分の子どもを思いどおりに動かそうと思っても、かえって反発される可能性もあります。

実際、わたしも教員時代、高学年の担任になったときに子どもたちを自分の思いどおりに動かそうとして、反抗期真っ盛りの子どもたちから猛反発を受けた経験があります。

そうした経験から得た思春期の子供との向き合い方は、その後、いろいろなタイプの子どもたちの対応に役立ちました。

その方法を、1人でも多くのママたちにお届けしたいと思います！

この付録では、ご家庭ですぐに役立てることのできるお子さんへの接し方を大きく5つのポイントでご紹介します。

診断テストで、あなたの子どもに対する「甘さ」もわかります。

この付録を読み終えるころには、きっとご自身の子育てに対してより前向きになれているはずです。


では早速、「おもしろスイーツ診断」に入っていきましょう！

診断テスト

おもしろスイーツ診断

あなたの甘口度を1分でチェック！

質問に「YES」「NO」で答えながら進んでください。

そうすると、あなたは甘さ何%なのか、スイーツで言うと、何タイプになるかがわかります。このとき、あまり考えすぎずに、直感で答えるのがポイントです！　1問3秒くらいで答えていってくださいね！

それでは、早速始めてみましょう!!

診断テストの結果はいかがでしたか？　このテストでは、「5つの観点」のうち、どこ

おもしろスイーツ診断～あなたの甘口度を1分でチェック！～

＼あなたは甘口？ 辛口？（以下の設問に Yes, No で答えていってください）／

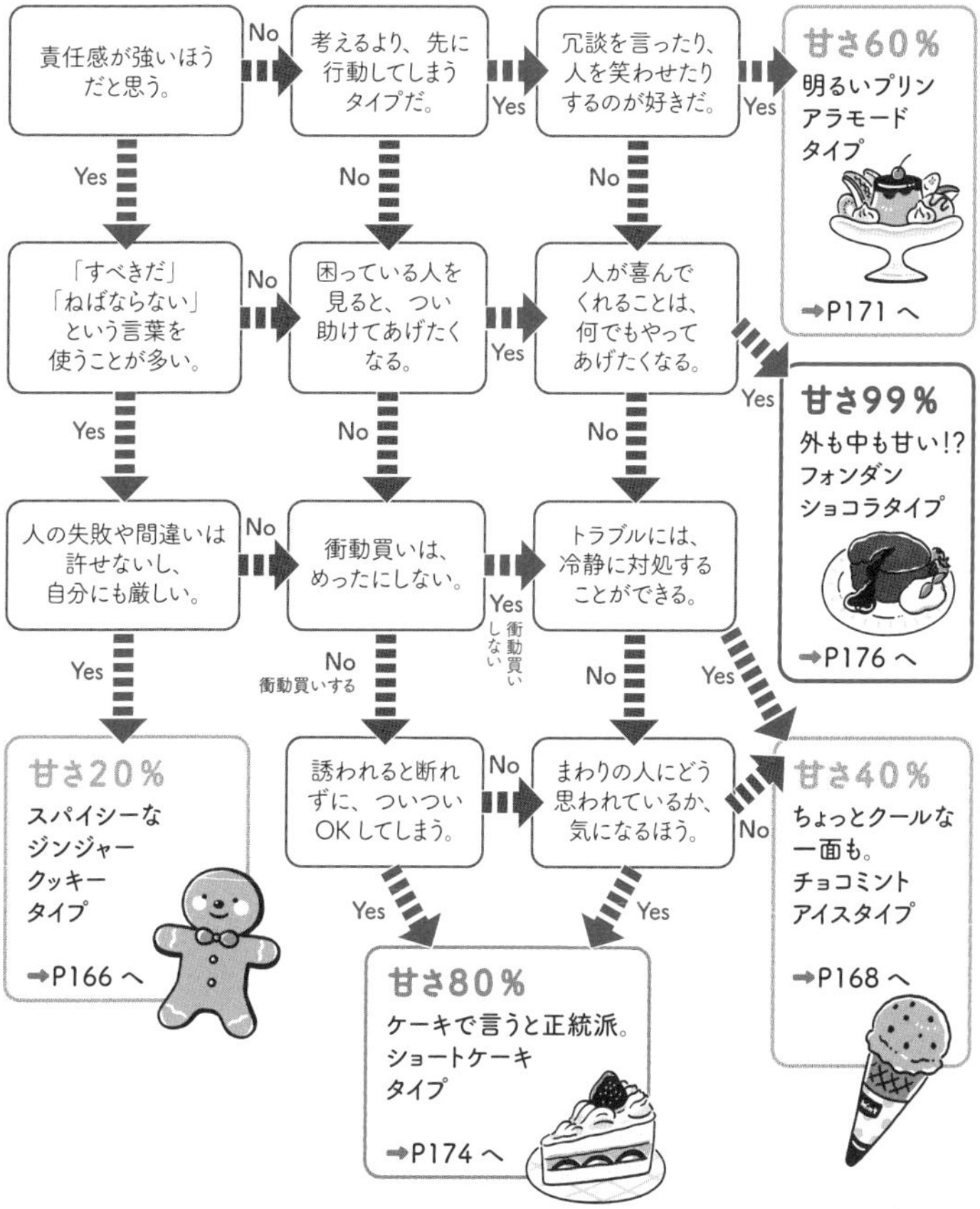
責任感が強いほうだと思う。
考えるより、先に行動してしまうタイプだ。
冗談を言ったり、人を笑わせたりするのが好きだ。
甘さ60％
明るいプリンアラモードタイプ
➡P171へ
「すべきだ」「ねばならない」という言葉を使うことが多い。
困っている人を見ると、つい助けてあげたくなる。
人が喜んでくれることは、何でもやってあげたくなる。
甘さ99％
外も中も甘い!?フォンダンショコラタイプ
➡P176へ
人の失敗や間違いは許せないし、自分にも厳しい。
衝動買いは、めったにしない。
トラブルには、冷静に対処することができる。
衝動買いしない
衝動買いする
甘さ20％
スパイシーなジンジャークッキータイプ
➡P166へ
誘われると断れずに、ついついOKしてしまう。
まわりの人にどう思われているか、気になるほう。
甘さ40％
ちょっとクールな一面も。チョコミントアイスタイプ
➡P168へ
甘さ80％
ケーキで言うと正統派。ショートケーキタイプ
➡P174へ
Yes
No

が強く出ているのか、知ることができ、伸ばしていけるところ、補強するところの確認ができます。

✿甘さ20％ ジンジャークッキータイプ

❶ジンジャークッキータイプの傾向は？

「パパ」「先生」のようなママです。

口癖は、「ダメよ、〇〇するべきよ」「〇〇しなければいけない、当然でしょ」「そんなことをしたら、〜だからね」「ママの言うとおりにして」「だから言ったじゃない、何でできないの？」など、ちょっとスパイシーな印象。しかめっつらをしたり、腰に手を当てて話す癖があったりしませんか？

よいところは、❶理想を追求する、❷善悪の判断がきちんとついている、❸子どもをきちんとしつけている、という点です。ビジョンがはっきりしているので、どうしたらよいか迷うことは少ないでしょう。

ただ、注意点は、❶子どもの長所より短所が目につきがち、❷命令や禁止が多く、厳しすぎるときがある、❸間違ったことをしていると、すぐに指摘する、❹子どもに不平や文句を言わせない、という傾向があり、子どもを追い詰めてしまいがちなところでしょうか。

❷ジンジャークッキータイプにオススメの考え方は？

スパイシーなジンジャークッキータイプのママ、そんなあなたにオススメの考え方は、

「次はどうしたらいいか」に目を向けさせる

です。ついつい、「反省しなさい」って言ってしまっていませんか？　脳の仕組みから言って、実は、失敗を思い出すことってマイナスに働くんです。

思い出した回数分、脳は「失敗した」と認識し、「失敗」の記憶が強く残る、というわけです。**大事なことは、「反省会」より、「次はどうしたらいいか」。**

わたしもこれを知ってから、クラスで子どもたちにかける言葉が変わりました。「失敗そのもの」より、

「次どうしたらうまくいくかな？」こっちに変えました。

その結果、失敗に焦点を当てて落ち込み、次に挑戦をやめていた子どもたちが「次こそできる！」と前向きにとらえ、行動的になっていきました。


「次はどうしたらうまくいくかな？」

ぜひこの言葉を使ってみてくださいね！

甘さ40％ チョコミントアイスタイプ

❶チョコミントアイスタイプの傾向は？

感情をあまり入れず、コンピューターのようにクールに受け止めるママ。

「やっぱりね、〜なら（たら、れば）よかったのに」「いつも（必ず）〜するわね」が口癖で、よりよく知ろうとするために、詳しく質問（どのように、誰が、どこで、何に、どうして）をしたり、よりわかりやすい表現をするために、回りくどいことは言わずに直接的に表現をしたりします。姿勢がよく、人の目を見て話し、ゆったりと落ち着いていて、「デキる人」という感じです。

そうしたチョコミントアイスタイプの方のよいところは、❶物事を事実にそっていろいろな角度から考えることができる、❷話をするときに数字やデータをよく使ってわかりやすく話すことができる、❸冷静であり、的確な判断ができる、というところです。独善的でない、最適な答えにたどり着くことができるでしょう。

ただ、注意点としては、❶子どもを質問攻めにしてしまい、子どもの感情より事実を追求しがち、❷気持ちより事実の収集や問題解決を優先させるので、人情に欠ける、というふうに見られてしまうところ。子どもは特に、感情が大事です。論理的に正しいことであっても、厳しく言われると条件反射的に嫌がってしまうことも少なくありません。

❷チョコミントアイスタイプにオススメの考え方は？

そんなチョコミントアイスタイプのママにオススメなのは、

「とにかく」「ひたすら」聴く!!

ことです。「うちの子がいじめられた」「叩かれた」となると、大事なわが子が人から危害を加えられたということで、これはママにとって、一大事です！

ただ、ここで「学校などに電話をかけて、先生に伝え、いち早く解決する」ということはお子さんにとっては二の次だったりします。

お子さんが一番してほしいこと。それはママに、

「うんうん、そうだったのね。それは辛かったね」

こんなふうによく**「聞いてほしい」だけなんです。**

できれば、「聴く」ことを意識して下さい。こういうことが起きたとき、まずはもっともっと話を聴いてあげてください。このとき、状況確認を詳細にするのはよくありません。

「それで、そのとき、〇〇ちゃんはなんて言ったの？」「あなたはどう言い返したの？」「周りに誰か友達はいたの？」

このように、「詳しく」聞いていくうちに、子どもって「責められている」「問い詰められている」と感じてしまうんです。

その途端、「守り」に入ります！「ママに怒られたくない」「本当のことを言ったらママが自分を嫌いになっちゃうかも」と思って、自分を守るためにウソをつくのです。

「とにかく」「ひたすら」聴く、ということ。

「寄り添う気持ち」で接してあげてくださいね。

✿甘さ60％　明るいプリンアラモードタイプ

❶プリンアラモードタイプの傾向は？

子どものように、のびのび自由なプリンアラモードタイプのママ。

「あ！　おお！　まあ！　えーっ！」というような感嘆詞や、「ほしい！　やりたい！

無理！　したくない！」などが口癖で、ストレートな気持ちを表現し、喜怒哀楽の表現に長けています。そのため、よく笑い、ふざけ、活発で、自由に感情表現し、のびのびとしていると言えるでしょう。

よいところは、❶自由で明るく無邪気で率直、❷好奇心旺盛で前向き、❸表現が豊か、というところ。一方、注意点は❶わがままで自己中心的、❷本能的・衝動的に動いてしまうため、子どもへの言動に一貫性がないときがある、❸したい放題、言いたい放題になりがち、というところです。

❷プリンアラモードタイプにオススメの考え方は？

のびのび自由なあなたは、「次は何とかなるでしょ！」とあっけらかんとした楽観的な対応になってしまい、具体的にどうしていったらいいのかがわからず、お子さんが同じ失敗を繰り返す…ということもあるのではないでしょうか？

たとえば、お子さんが寝坊してしまったとします。いつもなら、「えーっ、大変！　寝坊よ！　どうしよう！」などと言うところ、ひとまず自分の言いたいことは控えてみてください。そして、「間に合うように起きるには、どうしたらいいかな。」とお子さん自身の考えを促すのです。

うまくいかないことがあったとき、「そこから何を得たか」という考えを持たせるのです。転んでも、何かをつかんで起き上がる子どもになってほしいですよね。あっけらかんとしたあなたにぴったり！

何を得たか。それを考えさせる対応をすることで、お子さんはもっと1つひとつの物事にしっかりと向き合い、次にはこれまでの経験をもとに「よりよい方法」を自分で見つけていくお子さんになっていきますよ！

そんなふうに問いかけてアプローチしていくのはいかがでしょうか。

甘さ80%　ショートケーキタイプ

❶ショートケーキタイプの傾向は？

ケーキで言うと、正統派のあなたはショートケーキタイプ。自分を抑え、人の期待に応えようとする、「よい」ママです。口ぐせは、「いいわよ、どうぞ、もちろん」で、遠慮がちないわゆる「いい人」。気を遣いがちで、相手の顔色をうかがうところがあります。反面、自分を抑えつけているため、ときどき攻撃的、反抗的にもなります。

このように、よいところは❶素直でおとなしい、❷ひとを信頼する、❸協調性がある、ところですが、逆に❶子どもの機嫌をとってしまうときがある、❷思ったことをはっきり言わず、あとで後悔する、❸自分から積極的に行動することは少ない、ということには注意した方がよいでしょう。

❷ショートケーキタイプにオススメの考え方は？

そんな正統派ショートケーキタイプのママにお伝えしたいこと。

「迷惑を怖がらない！！」

いいママである場合。他人軸で物事を考えてしまいがちです。特に「人の目」ばかりを気にして、「迷惑をかけないように」という思いばかりが先に立つこともあるのではないでしょうか。

そんな「よい子」のような、ショートケーキタイプのママにオススメな考えがあります。それはインドの考えです。

「1人に迷惑をかけたら、2人の力になることを目指そう」

日本人は「人に迷惑をかけないように」との思いが強いです。しかしインド人は迷惑を

かけてしまったらそれは謝るけれども、「その分、2人の力になろう」としつけているとか。「迷惑」より「人を幸せにする」ことに焦点をあててみてはいかがでしょうか？

甘さ99%
フォンダンショコラタイプ

❶フォンダンショコラタイプの傾向は？

「お母さん」っぽい優しいママのあなた。口癖も「よくできたね、あなたの気持ちわかるわ」「よかったね、頑張りましょう、〇〇してあげるわ」と優しく、子どもをよくかわいがり、腕を広げて迎え、抱きしめます。

そんな外も中も甘いフォンダンショコラタイプのママの良いところは、❶思いやりや気配りが常にある、❷ほめることができる、❸人の意見を受け入れることができる、ということです。一方で❶失敗させたくないため、過保護・過干渉になりがちで、❷つい甘やかしてしまい、❸あれもこれも伝えたくなり、話が長い傾向がある、のがネックです。

❷フォンダンショコラタイプにおススメの考え方は？

そんなフォンダンショコラタイプのあなたにオススメなのは、

「失敗させること！」

です！　お子さんのためを思って、つい「失敗しないために転ばぬ先の杖」を与えてしまう。そんなことはありませんか？

でも、それは「優しさ」なのでしょうか。

それはひょっとして、失敗を避けることで、お子さんを失敗に弱い人間、自分で転んでも立ち上がれない人間に育ててしまうことにつながっていませんか？

この生活を続けると、お子さんはいつまでたってもママに頼り続け、自分で考えることをしなくなっていきます。そしてうまくいかないことがあると、ママのせいにするようになるか

もしれません。

失敗は挑戦した証拠とも言えます。

例えば、遠足で水筒を忘れた子どもがいたので、ペットボトルの水を買って渡したとします。その子は、人と違っていることが恥ずかしかったし、飲むたびに「どうしたの？」と声をかけられて、持ち物を忘れるとどうなるかわかって懲りまして、次回からは大事なときには持ち物を確認するようになりました。

お子さんのために、失敗させる、転ばせる！

何かあっても自分の力で乗り越えていく大人になるために、練習する機会を与えましょう！

まず、忘れ物を学校に届けるなんてことはやめてみましょうね。

おわりに

「忙しいママでもできる」。これは究極的には、「**毎日の生活習慣の中に受験に関する話をいかに置き換えられるか**」ではないかと思います。

忙しいからこそ、余分に時間はとれません。それなら、毎日の中に入れ込んでしまえばいいのです。

本書には、その工夫をたくさん入れ込みました。

小学校受験は、まだ小さなお子さんと一緒に向き合うからこそ、無理があっては続きませんし、小さなお子さんに大きな負担を与えることはできません。「受験の準備をする」というよりは、毎日の生活をより豊かに感じられるようにする。丁寧に動作する。考えながら行動する。相手のために礼を尽くす…そんな観点こそが小学校受験では必要となります。

もちろん、受験では合格することが一番望ましいわけですが、小学校受験に向けて準備することは、お子さんの人間性を高め、親御さん自身も人としての幅が広がり、わが子と一緒に成長していく。そんな気持ちで受け止めていくことが何より大事かもしれません。
学校にほれ込み、お子さんを支える覚悟を持つことがとても大事です。

CASE

小学校受験は、子どもの学力のみで決まるとは限らず、納得し難い結果になることも少なからずあります。しかし、受験を決めたのは親です。最後まで子どもの心をフォローすることを忘れずに、二度と戻らない日々を丁寧に過ごしていかれることを願ってやみません。小学校受験に挑まれるご家庭の全てに幸多き未来がありますよう、お祈り申し上げます。

（私立小学校受験女の子　匿名ご希望様）

CASE

小学校受験を考え始めてからは、毎日情報収集をしては迷ってばかりの日々でした。
考えても考えてもすぐに答えの出るものではなく、親子共々苦しい場面もありましたが、手探りで進む中で経験してよかった・勉強してよかったことばかりで、結果的には子供の興味や関心を広げたり精神的な成長にもつながり、私達親子にとってはよいことばかりでした。
始めた当初から進学を決めるまで悩んでばかりの受験でしたが、我が子の個性や今後を考えたときに、メリットばかりの学校と出会えたこと、なにより子ども本人が学校は楽しく居心地のいい場所と思っていることが一番嬉しく、挑戦してよかったと心から思っております。
（私立小学校受験男の子　T様）

もし受験ではご縁がなかったとしても、「編入試験」という切り札もあります（年度の終わりに実施される試験。欠員が出たときのみ募集するので、実施しない年もあります）。熱心なご家庭の中には、毎年編入試験のたびにチャレンジされているご家庭もありました。もちろん、子どもの意思を尊重することも必須ですが、あきらめないで挑戦する方もいらっしゃるのです。

本書を書くにあたり、何人もの方にアンケートのご協力をいただきました。お子さんが受験された方だけでなく、ご自身が小学校受験されて、その当時の記憶を振り返って教えてくださったという貴重なお話もあります。

それらのすべてをここに記すことができなくて心苦しく思います。どの方もご自身の学校やお子さんの通われた学校に愛着心がありました。「素敵な仲間と出会えた」「一生の友人となった」「家族ぐるみで長いお付き合いができる出会いがあり、我が家の財産となっている」「受験を通し教育の軸ができた」「親の言うことを素直に受け入れてくれる時期に目標に向かって家族で共に勉強できたことは、今となっては宝物のような思い出」…など、小学校受験を非常に前向きに受け止めて、その後の6年間という長い時間を大切にとらえていらっしゃることがとてもよく伝わってきました。

このことは、私立学校に勤めていた者としても、なんだかとても誇らしく、ありがたく、幸せな気持ちになりました。

受験をする、しないに限らず、大切なお子さんの力を信じ、伸ばし、親子で過ごす時間を存分に味わい、今しかない貴重なときを輝かしいものにされる方がお1人でも多く増えますように、心から願っております。

最後になりますが、「教師になったら一冊くらいは本を出しなさいよ」とわたしが大学生の頃から言い続けてくださった小学校時代の恩師、M先生。出版という世界があることを教えてくださったライティングサロン主宰かつご自身も27冊もの著書を書かれている山口拓朗先生、ビジネスコンサルをしてくださっている冨澤理恵先生。初の出版に際し、温かく励ましてくださった日本能率協会マネジメントセンター編集者の東寿浩さん、小学校受験のお話を快く教えてくださった方々。そして家族。関係各所の方々、多くの方にこの場をお借りして深く御礼申し上げます。

そして、この本を手に取ってくださった読者の方へ。本当にありがとうございました。

2023年6月

なごみゆかり

【著者紹介】
なごみゆかり
かめっこ塾 ぴよっこ塾 主宰
専門学校などで印象アップ、コミュニケーションの講師も務めている。
東京都の私立小学校教諭として18年勤務。
毎年多くの親子の小学校受験に立ち会ってきた。退職後、生後5ヶ月の子を抱え、子育てセミナー講師として起業。教師経験と心理学、脳科学を組み合わせたオリジナルメソッドを使い、反抗期の子どもの対応に悩むママのための子育て塾【かめっこ塾】を立ち上げ、さらに初心者のママ起業家のための【ぴよっこ塾】も主宰している。子育て、起業と頑張るママを応援すべく、日々奮闘中。
メルマガ読者総数13,000人。インスタフォロワー総数約12,000人。
メルマガ登録、各種SNSはブログから
https://ameblo.jp/nagomi-yukari/

忙しいママでもできる!
私立小学校を受験しようと思ったら読む本

2023年6月30日　初版第1刷発行

著　者——なごみゆかり　
発行者——張　士洛
発行所——日本能率協会マネジメントセンター
〒103-6009 東京都中央区日本橋2-7-1 東京日本橋タワー
TEL 03(6362)4339(編集)／03(6362)4558(販売)
FAX 03(3272)8127(販売・編集)
https://www.jmam.co.jp/

装丁・本文デザイン——西野真理子（株式会社ワード）
イラスト——フクイサチヨ
本文DTP——株式会社RUHIA
印刷所——広研印刷株式会社
製本所——株式会社新寿堂

ISBN 978-4-8005-9114-2　C0037
落丁・乱丁はおとりかえします。
PRINTED IN JAPAN